知的生きかた文庫

学校では教えてくれない世界のヘンな常識

斗鬼正一

JN102932

三笠書房

はじめに

本書には、世界中のヘンな「あたりまえ」がたくさん収録されています。葬式で婚活をしたり、赤ちゃんを一人で寝かせたり、子育てを外国人メイドさんに任せたり、死んだ人同士を結婚させたり……。日本ではありえないような常識に驚きながら、人間っておもしろい生き物だな、と楽しんでいただけたらと思います。

世界では多くの民族が、じつに多様な生活を営んでいます。そして民族の数だけ、私たちには信じられないような常識が、過去にも現在にも存在しています。

ニュージーランドでは、雨が降っても洗濯物は外に干したまま。怠け者な民族だと思ってしまいますが、晴れればまた乾くため、わざわざ取り込む必要はないというのです。中国では、ハゲている人は恥ずかしいどころか頭をよく使う賢い人だと評価されます。また欧米人の女性にとっては、若く見えることよりも、人生経験を重ねた年相応の外見のほうが好ましいとされています。さらに、中国や台湾では、長生きした人の葬式はにぎやかでパーティーみたいです。これは、天寿をまっとうしたことをお祝いする考え方だと聞くと、思わず納得してしまいます。

一方で、私たち日本人の考え方にも、多くの「あたりまえ」が溢れています。

「洗濯物は雨が降ったら取り込まなきゃいけない」

「おでこが広く、ハゲて見えるから恥ずかしい」

「まわりの人から、見た目が若いねって言われたい」

そういえば、私たちの悩みや困りごとは、凝り固まった日本の常識から生まれてしまっているのかもしれません。

ぜひ本書をきっかけに、日本の「あたりまえ」だけではなく、世界の常識にも目を向けてみてはいかがでしょうか。日常生活も人生も、もっと気楽になるのではないかと思います。

それに、みんな同じ意見を持つことが「あたりまえ」という考え方では、二十一世紀を生き抜くために必要な創造力も枯渇してしまいます。

人は異質なもの、異文化と出会うことによってこそ刺激を受け、これまでなかった新しいものを創り出します。日本の伝統とされるものの多くも、異文化を取り入れ、洗練させて素晴らしいものへと作り上げられてきました。日本が世界に誇る自動車も鉄道も、元々は異文化なのです。

本書が、読者のみなさまが楽しく世界のヘンな常識を知り、そして今よりも広い視野で物事を考える一助になれば、これ以上の喜びはありません。

斗鬼　正一

世界中にある、いろんな「あたりまえ」

世界には一九六の国があり、
その人口は八〇億人にものぼります。
そんな大勢の人が暮らす地球には、
それはもう膨大な数の
文化があります。

人は、自分とは違う文化に触れると、
つい「おかしい！」「ヘンだ！」と
言いたくなってしまいます。

でも、私たちが普段
「あたりまえ」だと思っていることも、
他の人からすると、
「ありえない」と思われることがあるのです。

みんな、それぞれの
「あたりまえ」があり、
そんな人たちが同じ地球で、
今日も暮らしているのです。

私たちの毎日は「あたりまえ」だらけ

私たちの日常は、
私たちにとっての
「あたりまえ」で
溢れています。
たとえば、
家族みんなで食卓を囲み、
ご飯を食べるのも、
ごくふつうのことですよね。

いつもの食卓風景。
だけど、他の国の人からすると……

他の国の人からすると「ありえない」だらけ

私たちにとっては何もおかしくない、先ほどの食卓風景。

男女が一緒に食事するなんてありえない…
いただきます？ 何それ

でも、
他の国の人から
すると、ヘンだと
思うことが
たくさん
あるようです。

食卓風景だけを見ても、
こんなに文化が違う人がいます。
世界には、他にどんな
「あたりまえ」があるのか……。
日本から見れば「ヘンな」、
八三の世界の「あたりまえ」をご紹介します。

ぼくたちは
たとえスープで
あっても手で
食べるけどね
?

目次

第2章 人生についてのヘンな常識

第3章

コミュニケーションのヘンな常識

第4章

身のまわりのヘンな常識

第5章

生きるためのヘンな常識

本文DTP／株式会社Sun Fuerza
本文イラスト／てぶくろ星人
※掲載した事例には、現在は存在しない過去のものも含まれます。

第1章

男と女についてのヘンな常識

いつの時代もどの民族にとっても、
男と女というのは最大の関心事です。
ですがその男と女、放っておくと
何が起こるかわかりません。
いつの世もどの民族も、
社会も歴史も
動かしてきたのは人ですが、
どんな偉人もどんな愚人も、
この世の中への登場は
男と女が出会った結果なのです。

男女を徹底的に分ける

かつてサウジアラビアの旅客機は、客室の真ん中が壁で仕切られており、まるで銭湯のように男女の席が左右で分けられていました。

イランでも、バスは男女が前後で分かれるため出入り口は別になっていたり、列車では男性、家族連れ、女性の専用車両に分けられたりしています。

また乗用車でも、男性が家族以外の女性の隣に座ることは避けるべきだとされています。女性が複数人同乗する場合は、たとえ男性が目上の人でも、本来は地位が低い人が座るはずの助手席に男性が座るのです。その他、女性が男子サッカーの試合を観戦するのも禁止、小学校から男女別学、男子の体操教室は母親でも見学禁止と、徹底した男女分離が行なわれています。

一方、同じ中東でも、アラブ首長国連邦のドバイは外国人には寛容です。身体全

体を覆う黒い布（アバヤ）を外国人が着用する義務はなく、ミニスカートをはくことも可能。黒ずくめで顔も見えない地元の女性と、タンクトップ姿の外国人女性が混在している不思議な町なのです。

しかし、やはり厳格なイスラム圏なので、海水浴場はもちろん、バスの車内も男女別であることには変わりません。

こうした男女分離の背景には、欲望に抗って秩序や家族を守ることで、来世の天国が保証されるというイスラム教の考え方があるのです。

空席があっても、男性専用だから座れないなんてつらすぎる……

家の中でも男女分離

コロンビアのバラサナ族は共同住宅であるロングハウスで暮らす民族ですが、家の中は男女で居住スペースが分けられています。家の後方が調理や子どもの世話をする女性のスペースになっており、男性は家の前でかごを編むなどの作業をして、日が暮れると家の中央部で嗅ぎタバコやコカの葉を噛んで過ごします。

ここでは家の出入り口も男女別で、家から川に行く道までも男女別で決められています。男性は正面口から出て、狩りをしながら熱帯雨林を抜ける小道を通って川へ向かい、女性は裏口から出て、焼畑を通って川へ行くことになっているのです。

これらは、人間の繁殖は食料である動物の繁殖を妨げることになるため、動物と共生すべき人間の性的行動は抑制されなければならないという考えがあるからです。

また、十九世紀末の韓国は「男女七歳にして席を同じゅうせず（年齢が七歳にも

なれば、男女互いにけじめをつけ、みだりに慣れ親しんではいけない)」という儒教の国だったため、道も住宅も区別され、夫と客は「舎廊房《サランバン》」、妻は「内房《アンパン》」という部屋を使っていました。

それどころか、ソウルでは街全体で男性の時間、女性の時間が決められており、二〇時の鐘が鳴ると街から男性が消えて女性だけの街になり、二四時の鐘で今度は男性だけの街になりました。男女がむやみに出会うことは好ましくないという教えを、街全体で実践していたのです。

同じ家なのに男女で分かれるなんて、信じられない……

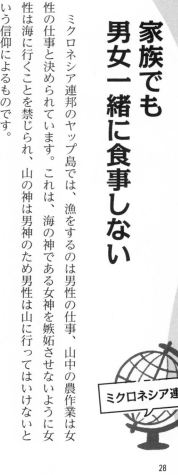

家族でも男女一緒に食事しない

ミクロネシア連邦のヤップ島では、漁をするのは男性の仕事、山中の農作業は女性の仕事と決められています。これは、海の神である女神を嫉妬させないように女性は海に行くことを禁じられ、山の神は男神のため男性は山に行ってはいけないという信仰によるものです。

しかし、男女の区別はそれだけではありません。男女が海沿いの道ですれ違うときも、男性が海側、女性が山側によけて通ります。これは「女性は穢《けが》れている」と考えられてきたので、穢れを男性に移さないように、女性は風下の山側によけるということなのです。

葬儀の式場も男女別で、遺体を安置するのも、遺体を山中の墓に運んで埋めるのも女性の仕事です。穢れた遺体は穢れた女性が扱うのがあたりまえと考えられ、男

性は女性の葬儀に行くことすら許されません。
食事も調理も男女別なのですが、家事を男女で平等に分担しているなどという話ではなく、夫婦でも兄妹でも、異性の前での食事は恥ずかしいこととされているからです。食事自体が男女別ですから、食卓を囲んだ団らんもありません。
そもそも家自体が男女別棟という、徹底した男女隔離民族なのです。

! 調理も別なら、「おふくろの味」もないのかな

異性の親子で入浴する

日本では一緒に風呂に入ることを「裸の付き合い」といい、人と親しくなるためのよい習慣とされています。実際、銭湯でも温泉でも、赤の他人と入浴するのはあたりまえの光景です。さらに、子どものうちに父と娘、母と息子が一緒に風呂に入ることは、親子でコミュニケーションをとるよい機会とされています。

一方で多くの民族の目には、これがとても非常識な光景に見えてしまうのです。世界には他人に裸を見せること自体が、すごく恥ずかしいことだという民族もたくさんいます。恥ずかしいという感情は人間の本能ではないので、何を恥ずかしいと感じるのかは、民族によって異なるのです。

たとえばフランスやアメリカ、イタリア、メキシコでは、赤ちゃんのとき以外は異性の親子が一緒に入浴することはありえません。母親が風呂場で息子の身体を

洗ってあげるときも、服を着たままなのです。イスラム圏のイラン人も、異性の子どもと入浴するのは四歳くらいまでで、シンガポール、中国、そして韓国でも、異性の親の裸など見たことがないというのが一般的です。

小学生が異性の親と一緒に入浴するという日本の常識は、世界から見ると非常識だと言われてしまうのです。

！一緒に裸で風呂に入ると、心の距離が縮まった気がするのにね

同じ苗字の相手とは結婚できない

血縁関係が近い人との近親婚は、すべての民族に共通して禁忌とされています。日本でも三親等内の親子、兄弟姉妹、祖父母と孫、甥姪《せいてつ》と叔父・叔母は、慣習的にも法律上でも結婚できません。しかし、いとことなら結婚することが可能です。ところが、韓国人の目にはこれすらも非常識に見えてしまいます。

韓国の若者の間では、ナンパをしたら真っ先に苗字を尋ねるのが常識でした。「同姓不婚」といって、同じ苗字の相手とは結婚できないという伝統があったため、自分も相手も「金《キム》さん」だったら困るのです。ただし何十代も前にさかのぼると、始祖の地ごとに金海《キメ》金《キム》氏、慶州金《キョンジュキム》氏などと分かれており、この「本貫《ポングァン》」が違えば結婚することができました。しかし、本貫が同じなら一族とみなされて結婚は不可でしたから、用心が必要だったのです。

これでは当然、愛する人と結ばれないという悲劇が多発し、一九九九年に民法が改正されました。それでも八親等内は結婚不可なので、五人に一人、約一〇〇〇万人が「金」という苗字の韓国では、婚活は焦るな危険。

そんな韓国人から見れば、始祖どころか曾祖父母の名前すら知っているか怪しい日本人のお気軽なナンパやいとこ婚は、なんとも非常識というわけなのです。

八親等内の親戚なんて知らないから、むやみに恋愛できないな

歌がうまくないと結婚できない

古代の日本には、大勢の男女が春や秋に山や海辺に集まり、飲んで食べて歌う「歌垣《うたがき》」という行事があり、独身の若者にとっては婚活のチャンスでした。

このように、歌で婚活をする民族がアジアにはたくさんあります。ネパールでは、男女が小太鼓のリズムに合わせて即興で歌を掛け合う「ドホリ」という伝統的な行事があり、近年また人気が高まっています。

また、中国南部貴州省の苗《ミャオ》族も、村はずれの山の尾根で農閑期に「游方《ユウファン》」と呼ばれる歌垣を行ないます。

さらに、同じ貴州省の侗《トン》族の場合は、歌がうまくなければ結婚できないといわれたほどでした。なぜなら、侗には元々文字がなく、神秘的な歴史や民族の伝承、礼儀から結婚の心構えまで、すべてを歌にして口頭で伝えられてきたので、歌を覚え

ることが一人前になるためには必要不可欠だったのです。

もちろん、若い男女が集まって歌うのですから、恋が芽生え、結婚のきっかけにもなります。子どものときから、歌を教えてくれる「歌師《グシュイ》」について歌を練習するというほどで、合コンでカラオケに行くような日本人のお遊び感覚とは真剣度が異なるのです。

結婚したい人は、音痴でも必死に練習しないといけないね

葬儀は婚活のチャンス

タイやミャンマーの少数民族カレンの若者にとって、婚活の最大のチャンスは、なんと葬儀です。普段は男女が二人でいることすらも許されないのですが、葬儀は特別で、夜明けまで意中の相手に思いを打ち明ける若い男女の熱気で華やぎます。意中の娘を見つけた青年は家に通い、娘は気に入らなければ家族に応対してもらい、気に入ればベランダで相手をします。ただし兄弟や友人同席で、両親も壁越しに聞き耳を立てており、プロポーズは女性からが常識なので、青年はひたすら待たなければいけません。

ケニアの民族ギリアマでは、埋葬の後に性的な歌と踊りを伴う「キフドウ」という儀礼が行なわれ、男女の出会いのチャンスになります。また、タンザニアの民族ニャキュウサの葬儀も同様で、女性たちが悲しみを示すために遺体を腕の中に抱い

がんばれ若者たちよ
へぇー家近いねまた会おうよ

て声を上げて泣き続けた後は、男性たちが死者を讃えるために激しく飛び跳ねる野性的なダンスを踊ります。

葬儀で婚活なんて、いくらなんでも不謹慎だと思ってしまいますが、人にとって生と死は避けられない表裏一体のもの。死と向き合いながら生を肯定するという考え方を理解すれば、一概に非常識だと非難することはできないでしょう。

！葬儀が出会いの場になるなんて、想像つかないな

三〇歳で独身だと、罰として街を掃除

ブレーメンなどドイツ北部の都市では、独身のまま三〇歳を迎えてしまうと、街の中心にある大聖堂の掃除という罰が与えられます。親戚や友人の立ち会いのもと、男性は正面入り口の石段の掃除、女性は正面扉のドアノブ磨きをさせられるのです。男性は未婚女性から、女性は未婚男性からキスをしてもらわない限りやめられません。これには同窓会の意味合いもあり、罰せられているはずの本人もみんなでにぎやかにビールやワインを飲むのですが、早く結婚して子どもを持てという周囲の願いを意識させるための通過儀礼なのです。

罰で掃除をさせられるどころか裁判所に訴えられてしまうこともあるのが、イタリアです。イタリアには、大人になって仕事に就いているのに結婚せず、居心地のよい実家に住み続けて、食事からアイロンがけまで母親に世話してもらうマザコン

男性が多くいます。もちろん、親の負担も大きくなります。業を煮やした親の中には、「もう四〇歳なのだから六日以内に家を出ていってほしい」などと裁判所に訴えた人もいるほどです。

しかし、「成人しても無期限に両親に頼って生活できる」という判決が下されてしまうような、親もびっくりのマザコン大国なのです。

! 独身だから街中で掃除させられるなんて、見世物みたいで恥ずかしい！

結婚しないと、重たい枷を付けられる

結婚しないと掃除や裁判どころでは済まされないのが、ロシア正教の「マスレニツァ」という祭りです。これは冬に別れを告げ、春の訪れを祝う祭りで、冬を象徴するカカシを入れた棺桶《かんおけ》を担いで、司祭に仮装した女性が村中を歩いたり、暖かさを象徴する太陽の形をしたクレープを食べたりします。一週間続くこの祭りには、男女が一緒に氷の滑り台を滑って未来の伴侶を探すという行事があるため、婚活の場でもあるのです。

この行事を通して出会った相手と結婚した花嫁にとっては、翌年の祭りはお披露目の場になります。雪の中に埋められたり、麦わらを投げつけられたり、いろいろな人にキスされたりと大変な晴れ舞台なのですが、もっと大変なのは結婚しなかった独身男女です。彼らは前回の祭りから一年間結婚しなかった罰として、祭りの間

ずっと、木材、木の枝、帯などの重たい枷《かせ》を足に結び付けられたり首にかけられたりして歩かされます。この重くて恥ずかしい枷を外すには、お金を払うかご馳走をふるまわなければなりません。

結婚しないと、社会に対する大事な責任を果たしていないのだから罰を与える、という考え方なので、のんびり独身生活を満喫している場合ではありません。

！独身男女にとっては、年に一度の恐ろしすぎるイベントだな……

結婚披露宴の費用は新婦が負担

一昔前の名古屋といえば、嫁入り道具は中が見えるガラス張りのトラックで運び、近所の人を集めて展示会をするなど、親の財布が大変なド派手婚で有名でした。しかし、こんな名古屋の人たちも真っ青になるのが、アメリカ人男性との結婚です。

第二次世界大戦後の日本に男女平等を教えたはずの自由と平等の国アメリカですが、なぜか結婚披露宴の費用は新婦側が負担するのが常識なのです。結婚すれば夫に養ってもらうのだから、披露宴の費用くらい女性側が負担すべきだということなのですが、女性が働くことがあたりまえになった現代では、根強く残るこの古い常識が、結婚する上でとんだハードルになってしまうのです。

そんな名古屋やアメリカの人も驚くのがインドの古い習慣「ダウリー」で、新婦側が新郎やその家族に持参金や家財道具などを贈ります。カーストの存在する社会

で、少しでも上位の男性と結婚することを目的とする習慣ですが、親は娘が生まれた瞬間から、この日が来ることを悩み始めるほどです。

現在は法律で禁止されていますがその名残は続いており、持参金が少ないと良縁に恵まれないといわれ、相手の家族から冷たい扱いを受けることもあります。お金を用意できなかった親が自殺してしまうなど、悲劇の種にもなっているのです。

男女平等を謳っているのに、披露宴の費用だけ花嫁側が出すなんて……

結婚は厳格な契約である

日本では結婚式といっても式自体より披露宴が重視され、婚姻届は二人だけで好きなときに提出するというのがふつうですが、欧米など多くの国では、役所で婚姻届を提出することこそが重要。掲示板に公示されたり、異議申し立て期間まであったりします。

つまり、結婚は重大な契約であるという考え方なのですが、とくにイスラム圏ではこの考え方が顕著です。本人たちの意思は尊重するものの、手続きをするのは親や兄弟。本人たちは愛し合うあまり理性的な判断ができないからだといい、式自体も「結婚契約式」なのです。

契約式には新郎新婦の父、親族などが証人として立ち会います。契約書には条件を細かく書きますが、とくに重要なのは、新郎側が新婦側に支払う資金（婚資）で

す。イスラムの法律に定められている通り、前払い分と後払い分に二分され、前払い分は結婚時に支払い、後払い分は離婚した場合に支払います。

　妻にとっては離婚保険に加入するようなものなのですが、その妻が万一先に死んだ場合、夫は妻の遺体に触れることができません。というのも、結婚は契約なので、死んだら自動的に契約解消となり、もはや夫婦は他人になってしまうからです。

！花嫁は、派手な結婚式をしたいと思わないのかな

兄弟で一人の妻を共有

チドリの仲間タマシギの雌《めす》は、自分から求愛行動をして卵を産んでも、後は知らんぷり。相手の雄《おす》に子育てを押し付けて、次々と他の雄にアタックしては卵を産みます。これは鳥の世界でも大変珍しい習性なのですが、じつは人間の世界でも、一妻多夫婚は世界の数箇所で、一部の人たちが、人生の一時期に行なっているだけ、という珍しい文化なのです。

そんな生きた世界遺産のような結婚制度で知られるのが、チベットです。ここでは長男が結婚すると、弟たちも結婚式に参加し、同居して、長男の妻を共有するのです。生まれた子どもの父親は正確には誰かわかりませんが、長男ということになっていて、次男以下は自分の子どもを持つことはできず財産分与もありません。そのため働いて財産ができると、自分だけの妻と結婚して家を出ていきます。

兄弟全員が夫になるというのは一見奇妙ですが、ここでは男性は交易でシルクロードを旅したり、家畜を引き連れて遊牧したりという生活を営んでおり、家を長期不在にすることが多くあります。

留守の間、女性や老人、子どもだけでは危険ですが、一妻多夫制なら夫たちが交代で留守を預かることができるので、家族みんなが幸せな仕組みとして選ばれたのです。

！

男手が多いから家を守れるのはわかるけど、すごい仕組みだな……

妻が次々と新しい彼氏を作ってくる

赤道直下のマルケサス諸島も一妻多夫婚ですが、妻が引き連れてくる彼氏たちを、家長がみんなまとめて面倒を見るというシステムになっています。

この島の人々は子どもがあまり好きでなく、女性は授乳すると容姿が損なわれるといった理由から、生まれて間もない子どもを殺してしまう「間引き」が行なわれていました。間引かれるのは労働力として期待できない女の子が多かったため、島には男性が極端に多くなりました。

そのため、島の女性たちは若いときからたくさんの男性と関係を持つのですが、一方で男性は、親の家を継ぐと家長になり結婚します。その際、妻は彼氏たちも引き連れてやってくるので、妻と家長とその他大勢の夫たちという共同生活になるのです。

アナタ〜
新しい彼を
連れてきたわ〜
ようこそ！
新彼
家長
彼1
彼2

つまり家長といっても妻を独占することはできないのですが、その他大勢の夫たちを使用人同然に使えるので、経済的には有利になります。そのため、多くの彼氏を連れてくる美人と結婚したがるのです。

中には結婚した後も、その他大勢組の夫の数を増やそうと、妻に他の男性を誘惑するよう期待する夫までいるほどです。

！ 妻の彼氏をどんどん受け入れるって、斬新すぎる！

幼すぎる妻を手塩にかけて育てる

結婚といっても相手は手塩にかけて育てた子ども、などという民族もいます。結婚が早いパプアニューギニアの民族アラペシュでは、一〇代後半の少年が結婚するとき、相手はなんと赤ちゃんだったりします。つまり夫は、幼い妻が成長するための食事を与え、手塩にかけて可愛がって育てるのです。こうすれば、やがて自分を骨まで愛してくれるだろうと考えられているわけですが、もはや夫婦だか親子だかわかりません。

ロシア・シベリアの民族チュクチでは、二〇歳の女性が二歳の男児と結婚したという事例がありました。女性は夫である二歳男児と、愛人である男性との間にできた子どもの両方を自分の母乳で育てていたのですから、これまた夫婦だか親子だかわかりません。

これ食うか？
これも食うか？
ワーイ
食べるー
これだけ可愛がれば将来愛してくれるだろ…
幼い妻

アフリカのブルキナファソという国の民族モシの場合は、夫が死ぬと、残された配偶者を息子が引き継ぎます。それでは母と息子が結婚することになってしまいますが、じつはモシは一夫多妻なので、生みの母ではない「母」を引き継ぐのです。

母を引き継がない息子は社会的地位が低いままということになっているので、夫に先立たれた女性たちが路頭に迷わないためのうまい仕組みといえます。

！

幼い妻が大人になるころには、すっかりおじさんになってしまう……

死んだ娘を結婚させる

南スーダンの民族ヌアーは、既婚男性が子どもを持つ前に死ぬと、弟など血縁の男性が代わりとなり、夫に先立たれた妻と結婚しました。生まれた子どもは死んだ男性の子どもということになり、妻は死者の子どもを産んだことになるのです。

ケニアの民族グシイの男性も、死んだ後でも子孫を持つことができました。生前に自分の代理人を立てておき、夫に先立たれた妻に子どもを産ませ、自分の子孫にするのです。不妊の夫が妻に代理人をあてがって子どもをもうける例もあり、社会的な父子関係を作るのに、血縁関係の有無は問わなかったのです。

中国でも数十年前まで、死者の結婚はよくありました。とくに多かったのは「娶《しゅ》鬼《き》妻《さい》」と呼ばれるもので、女性は生家で祀《まつ》ってもらえないため、独身のまま死んだ娘の霊が結婚を望んでいるという夢を見ると、家族が適当な男性を探し、謝礼金や

土地などを渡して、死んだ娘と結婚させたのです。もちろん結婚相手は女性の霊と暮らすわけにはいきませんから、もらったお金で生身の妻を迎えるのは自由です。

婚礼はふつうの婚礼と同様で、吉日を選んで位牌を嫁入りさせ、寝室に三日間安置します。そうすれば死んだ娘もその家の祖先と共に祀られ、この世に恨みを残さず無事に成仏できるというのです。

亡くなった後でも、結婚に心残りがあると成仏できないのか……

死者同士を結婚させる

中国では、死者同士も結婚しました。墓の中でも夫婦一緒であるべきとされていたので、未婚のまま死んだ男性のために、年齢や家柄の釣り合う死んだ女性を探すのです。結納《ゆいのう》の宝石は紙製だったりしますが、二人の遺影で式を挙げ、花嫁の遺骨を花婿の棺《ひつぎ》に納めたりしていました。

死者の魂を慰めることを目的とするこの「冥婚《ミンフン》」は過去の風習のはずでしたが、二〇一三年には女性一〇人の墓を暴き、あの世での花嫁用として遺体を高値で売りさばく事件が起きました。二〇一六年には死んだ男性の親に売りつけようと、女性を殺す事件まで起きています。

そしてじつは沖縄でも、夫婦は死後も一緒に暮らすものであり、夫婦で祀らないと子孫が繁栄しないと考えられていたため、未婚で死んだ女性を、未婚で死んだ男

性と結婚させていました。離婚した後独身のままで死んだ女性も、その霊が別れた夫と同じ墓に入ることを望むと信じられていたため、式を挙げて復縁させ、遺骨を別れた夫の墓に納めたという例がありました。

東北地方でも、未婚の死者の怨念を鎮めるために、イタコが意中の相手の霊を探して結婚させた例もあるほどで、あの世でも未婚であることは問題とされていたのです。

！ 死後でも、結婚することで親は安心できるんだね

同性婚があたりまえ

アフリカでは、多くの民族が女性同士で結婚しました。

ケニア南西部の農耕牧畜民ナンディは父系社会なのですが、夫に先立たれた息子のいない女性は、自らを「夫」として結納の牛を支払い、妻を迎えることができました。もちろん生物学的な父親にはなれませんから、妻に愛人の男性をあてがうのですが、生まれた子どもは夫である自分の子どもということになります。女性でありながら、社会的には夫や父、そして父系社会の家の主や先祖になれるという仕組みなのです。

南スーダンの民族ヌアーも、女性が「夫」として結婚し、別の男性に頼んで妻に子どもを産ませ、自分が社会的な父になることができます。

また、ロシア・シベリアの民族チュクチの場合はその逆で、男性が「妻」として

結婚し、身代わりの女性に子どもを産んでもらうことで、自らが「母」になった例もあります。

現在の日本で同性婚はまだ認められていませんが、生物学的性別と夫や妻、父や母という社会的役割の関係を切り離すことは、じつは世界各地で古くから行なわれていた、大変融通の利く仕組みでもあるのです。

!

世界には、性別を超えたいろんな家族の形があるんだな

神様と結婚する少女

ネパールのカトマンズ盆地は人の数より神様の数のほうが多いといわれるほどで、いたるところに神様が祀られているのですが、ここに暮らすネワール族には、なんと神様と結婚する女性がいます。

ネワール族にとって、女性はすべての命あるものに生命を与える女神アジマの体現者であり、作物を育てる力のあるヒンズー教の太陽神ビシュヌと結婚しなければならないとされてきたのです。そこで、女性は六歳から九歳のときに、傷のない美しいベルフルーツを豪華に飾り立てて神として崇め、その少女を聖なる花嫁として捧げる婚礼儀礼「ベル・ビバハ」を行ないます。さらに初潮が訪れると、一二〇日間太陽光を遮った暗い部屋で過ごし、その後目隠しをしたまま外へ出て、直に太陽を見ることによって、太陽神の妻であることを実感する儀礼を行ないます。

もちろん彼女たちは大人になれば生身の男性と結婚するのですが、すでに神と結婚しているので、この男性との結婚はあくまで仮のものということになります。

生身の夫はいつ死んでしまうかわかりませんが、神である夫は絶対に死ぬことはありません。つまり、ネワールの女性は夫と死別して一人になるという不幸を味わうことがないのです。

!
神様と結婚しているなんて、なんだか心強い気もするね

犬と結婚した子ども

日本では男性に命を助けられた鶴《つる》が、恩返しに女性となって高価な布を織るという「鶴の恩返し」や、蛇《へび》が男性になって人間の女性に求婚する「蛇婿入《へびむこい》り」などの昔話が知られています。平安時代の陰陽師《おんみょうじ》・安倍晴明《あべのせいめい》は、安倍保名《やすな》と女狐《めぎつね》の間に生まれた子どもだとする「信太妻《しのだづま》」も有名ですが、これも浄瑠璃、歌舞伎で演じられる物語で、すべて昔話や神話の世界での出来事です。このような、人が動物と結婚する「異類婚姻譚《いるいこんいんたん》」はギリシャ神話やグリム童話にもあるように、世界に広く見られるテーマです。

ところが二〇〇九年、インド東部の村で、人と犬の結婚式が本当にありました。結婚したのは一歳の男児と近所の人が飼う雌犬で、式には一五〇人が参列しました。この子は二歳にならないうちに永久歯が生えてきたのですが、これが猛獣に襲われ

るなど、子どもと家族に災いが降りかかる縁起の悪い予兆だとされ、神の加護と厄払いのために犬と結婚させたというのです。異様な結婚は通常では考えられないことであるため、強い力を得ることができると考えられたのでした。

もちろん単なる儀礼ですから、この子が将来人間の女性と結婚する際に、妻である犬との離婚届を出す必要はありません。

子どものうちから、しかも犬と結婚するとは……!

第2章

人生についてのヘンな常識

人は生まれ、成長し、
年をとってやがて死んでいきます。
これは動物として生物学的に必然で、
世界のどの民族も同じです。
ところが、いつから人なのか、
大人なのか、大人と子どもは
何が違うのか、何をもって死とするのか、
そして死んだ後はどうなるのか
などについては、
民族によってあまりに違うのです。

生まれたばかりの子は人間ではない

タイ人の子どもは、生後三日までは人として扱われません。タイでは、妊娠は精霊であるピーが自分に似せて作った粘土人形を母親の胎内に入れることで起こるとされています。つまり、生まれた子どもはピーの子というわけですから、すぐに死んでしまった場合も、ピーが連れ去ったと考えるのです。ピーの子を人間の子どもにするためには、生後四日目に長老が手首を聖糸《サーイシン》で縛り、クワン（魂）を入れるという儀式が必要なのです。

そのクワンは一人につき三二もあって、それが体内に留まっていれば健康、離れてしまうと病気になり死んでしまうとされています。子どもの頭をなでるのも、クワンが驚いてしまうからダメだというのですが、子どもが高熱を出したり、ひきつけを起こしたりすると、クワンが空中に逃げてしまうと考え、スプーンやボウルで

すくって戻し、聖糸を子どもの手首や足首に巻いて逃がさないようにするのです。生後一ヶ月で産毛を剃る際に頭頂の一部を剃り残すのも、クワンを逃がさないためで、その髷《まげ》を九歳か一一歳か一三歳で剃り落としてめでたく成熟祝いとなります。

つまり、人は生まれたままでは人でなく、クワンという電池を入れることで人として起動させるという、「人は人によって人にするべきもの」という考え方なのです。

ちゃんと人間にするために、親たちは大変だ……！

鼻を高くしないと人間になれない

インドネシアのジャワ島では、伝統的な産婆《さんば》が生まれたばかりの赤ちゃんにマッサージをして、鼻が高くなるようにつまみ上げ、頭をなでて丸くします。さらに、手足をピンと伸ばして体の横につけ、布でぐるぐる巻きにする「スウォドリング」を行ないます。

アメリカには、赤ちゃんの額に板を押し当てて、後頭部が尖った細長い頭にする先住民族がいました。他にも、ベルトで腰を締め付けて極端に細く変形させたり、鼻に穴をあけて宝石を付けたり、骨や鳥の羽根などを差し込むために耳、鼻、唇、頬などに穴をあけたりする民族はたくさんいました。

世界各地で行なわれている割礼《かつれい》も同様で、これらはみな、まだ形が定まらない各人各様な身体を、そのままにはせず、決められた形に整えることを意味します。こ

れを、文化人類学では身体変工《しんたいへんこう》といいます。

つまり、生まれたままでは人それぞれ違う身体を、社会によって規定された身体に作り変えてしまうというわけです。

もちろん、こうしたあるべき姿形は民族によっても異なります。それによって他の民族との差異を強調し、民族の一員としてのアイデンティティを明確にするという意味があるのです。

！ どの国や民族にも、決められた〝人間の姿〟があるんだな

子どもに「可愛い」と言ってはいけない

タイ人は子どもを犬や豚、水牛や蛙《かえる》などヘンなニックネームで呼びます。すぐ死んでしまう子どもは精霊に連れ去られたと考えるので、精霊の目を欺くためにわざとヘンな名前で呼ぶのです。子どもの髪をヘンな形に剃るのも、悪霊が乗り移らないようにわざわざ醜くするという意味があります。

ですから子どもを「可愛い」と褒めることも非常識で、フィリピンの民族マラナオの人々も、赤ちゃんが見知らぬ人に可愛いと言われると、赤ちゃんの顔色が悪くなって熱を出してしまうと考えられています。知らない人に褒められたり触られたりすると病気やけがをするというので、声を掛けるときはわざと「なんて醜い子」と言わなければならないのです。

モンゴルでも赤ちゃんをわざと「不細工」と言います。なぜなら、可愛い子は魔

物にさらわれると考えるからです。香港でも子どもを褒めるのはよくないことで、他人の子どもを「アホ」「バカ」などと怒鳴ることもありますが、これも怒ることで悪霊を追い払うという意味があります。

子どもは宝。でもまだ命が安定せず、いつ異界に連れ去られてしまうかわかりません。迷信とはいえ、子どもの無事を願う親心は人類共通なのです。

言われた子どもは傷つかないのかな……？

赤ちゃんを一人で寝かせる

イギリスでは、赤ちゃんを親と同じ部屋で寝かせません。寝かせてもせいぜい生後三ヶ月くらいまでで、早ければ生まれてすぐ、別室のベッドに一人で寝かせます。そして、夜泣きに気付くと、親が駆けつけて乳を飲ませたりオムツを替えたりするのです。中には赤ちゃんのそばにマイクを置き、別室でも異常に気付けるようにしてから寝る親もいます。

フランスもイタリアもロシアもアメリカも同じで、添い寝という文化がありません。そして、フランスの場合はおしゃぶりを積極的に与えるという点も日本と異なります。添い寝の代わりとしておしゃぶりを与えているのですが、かなりの年齢、つまり幼稚園児どころか小学生くらいの子どもでもおしゃぶりをくわえているという、日本人には驚きの光景が珍しくないのです。

さらにフランスでは出産直後から母乳ではなくミルクで育てるのがふつうで、母乳は長くても二、三ヶ月でやめてしまいます。

共働きがあたりまえのフランスでは、仕事に復帰した後、誰にでも預かってもらえるようにしたいからだといいますが、じつは母親の胸の形が崩れるのを嫌がっているというのが本音のようです。

！

幼いときから、ある意味自立させているのね

子どもにおもちゃを与えない

アフリカのサヘル地帯に位置するニジェールでは、親が子どもにおもちゃを買い与えることがほとんどありません。親は子どもが歩けるようになると、すぐに外で遊ばせます。ニジェールには「ヤーロマーラミンカンシネ（子どもは自分自身が先生だ）」ということわざがあり、大人が教えなくても、頭がやわらかい子どもたちは自ら砂の家を作ったり、木の枝で乗り物を作ったり、古い布で人形を作ったりします。サッカーで遊びたければ、靴下にビニール袋を詰め込んでボールを作ってしまいます。自然の中で遊ぶうちに、次々と発見し、工夫して、遊びの種を自ら考え出せるのです。

まさに「子どもは発明家」というわけですが、発見力も、想像力も、創造力も、大人が手取り足取りなんでも用意してしまっては育たないもの。入念に工夫された

おもちゃが、「男児用」「女児用」「一歳用」「五歳用」などと細かく分けられて売られている日本は商魂たくましく、定期的に買い替えさせたいおもちゃメーカーにとっては好都合です。
　しかし、激動の時代を創造力で生き抜いていかねばならない子どもたちのことを考えると、少しやりすぎなのかもしれません。

！
子どもに自ら
遊びを作り出させると、
いろんな力がつきそうだな

知らない子どもにもキスする

子ども好きが多いイラン人は、自分の子どもはもちろん、町でたまたま出会った赤の他人の子どもの頬にもキスします。子どもたちは知らないおじさんやおばさんからキスの嵐を受けることになるほどです。

トルコ人の場合は、買い物中でも子どもが食べたい物や飲みたい物があると、レジに通す前から与えてしまうので、ちょっと子どもに甘すぎではあるのですが、それほど子どもを泣かせたままにするのは非常識なこととされています。さらに、町なかで泣いている子どもがいると、まわりの大人たちが集まってきてチョコレートやキャンディーを与え、あやしてなんとか笑わせようとします。子どもは国の宝だからと、みんなで親を助けようとするのです。

中国人も、赤の他人の子どもにお節介を焼きます。みんな子どもにやさしいので、

まぁ可愛い子ね
キスさせて
ちょうだい
チュ
チュ
誰？

レストランで騒いでも親が肩身の狭い思いをすることはありません。ただ、肌寒い日に子どもに半ズボンをはかせていると、通りすがりの人に「身体が冷えるよ！」と叱られることもあります。

ベトナムでは「子どもを叱るのは大人の役割」とされていて、悪いことをしていれば、たとえ他人の子どもでも叱るのが常識。世界のどこでも、子どもは社会の宝というわけです。

！
町全体が
そういう雰囲気になれば、
親も子育てをしやすいかもね

子育ては、ほとんど他人任せ

北京や上海など中国の大都市には、なんと幼稚園で生活する子どもがいます。「全託《チュエントゥオ》」というシステムの幼稚園で、月曜日の朝から金曜日の夕方まで子どもを預けっぱなしにするのです。親は仕事に集中できるし、一人っ子も多くの友達の中で社会性を身に付けられて、おまけに勉強も習い事も生活習慣も教えてもらえるので、よいことずくめだといいます。

金融、商業、貿易都市の香港でも、夫婦ともに必死に働き、キャリアアップを目指して勉強もしなければならないため、やむなく子どもを預けっぱなしとなります。つまり、単に便利だからというわけでなく、家事まで手が回らなくて三食外食があたりまえというほど厳しい競争社会、格差社会という国の背景があるのです。全託どころか子育て自体他人任せ、というのもよくある話で、住み込みのメイドさん

に家事だけでなく育児もお任せしてしまいます。

しかも、そのメイドさんの多くが出稼ぎのフィリピン人。大卒も多く、英語もできるから好都合だというのですが、中国文化どころか広東《カントン》語も知らない外国人にお任せするという、なんとも大胆な子育てです。

！ 言葉も通じないのに、子育てなんて大丈夫なの……!?

子どもがいないと人生に意味がない

ケニアの牧畜民チャムスでは、子どもを持たずに死んだ男性は、ルドニョ（山）と呼ばれます。子どもを残して死んだ男性は、死後も家族と一緒にいることを望み、子どもたちに会いにしばしば現世を訪れるとされているのですが、ルドニョの男性は訪れる場所も会うべき子どももいません。つまり「孤高の山のように孤独な人」というわけです。

そんなルドニョの男性の人生は、シウ（人生に何一つ意味がなく、人生を歩んだことにすらならない）という悲しい烙印を押されてしまいます。

ルドニョやシウになってしまう危険性が高いとされるのは、意外にも外見も人柄もよい魅力的で素敵な若者だとされています。女性から非常にモテるため、いつでも結婚できると考え、あちこちで彼女を作ってなかなか一人の相手を決めようとし

ません。ところが、そんなことをしているうちに病に襲われて急死してしまい、ルドニョになってしまうというのです。驕《おご》れるイケメン久しからず、ちゃんと結婚して子どもを残すことが何より大事、ということをチャムスは教えているのですが、彼らの中では、「モテる男はつらいよ」なのかもしれません。

!

死んでからこんなことを言われるなんて、つらいな……

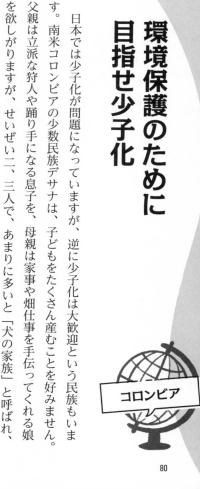

環境保護のために目指せ少子化

日本では少子化が問題になっていますが、逆に少子化は大歓迎という民族もいます。南米コロンビアの少数民族デサナは、子どもをたくさん産むことを好みません。父親は立派な狩人や踊り手になる息子を、母親は家事や畑仕事を手伝ってくれる娘を欲しがりますが、せいぜい二、三人で、あまりに多いと「犬の家族」と呼ばれ、周囲から軽蔑されてしまうのです。

彼らは少子化を実現するために、多くのルールを設けます。子どもが独り立ちするまで妊娠しない家族計画を立てたり、出産すると動物の主である精霊が激しく嫉妬すると考えられているので、妊娠中や出産後の女性の食事や外出を制限したりします。また、男性も禁欲をしないと狩りが成功しないとされています。

多子を避けるのは、食料事情の悪化を避けるという理由もありますが、その背景

には独自の自然観や環境観が関係しています。人と動物は太陽などのエネルギー源を共有しているため、人だけが子どもを多く産み、エネルギーを多く消費してしまうと、エネルギーを盗まれた動物たちが人に獲物を与えてくれなくなると考えているのです。

人の増加は自然界のバランスを危うくする、という考えから生まれた少子化志向だったのです。

！ 自然と共存するために、人口のバランスも整える必要があるのね

幼稚園児も飲酒喫煙可

酒もタバコも、日本では二〇歳未満は禁止というのが常識で、台湾やフィリピンでも一八歳未満は禁止です。お堅いサウジアラビアともなると、大人でも飲酒が禁止されています。

ところが、反対に制限が緩い国もあります。香港やベトナムでは、近年まで幼稚園児が酒を飲んでもタバコを吸っても、お咎《とが》めなしでした。マカオの場合はタバコだけが一八禁で、酒の制限はなし。中国では酒は一八禁ですが、タバコは購入のみ一八禁で吸うのは制限なし。この年齢制限ができたのも、酒が二〇〇六年、タバコが二〇〇七年と二十一世紀に入ってからで、それ以前は誰でもＯＫだったのです。

ヨーロッパでも、酒やタバコの購入は一八禁でも、飲酒や喫煙には制限がない国もあります。ドイツは酒の種類によって異なり、ウイスキーなどの蒸留酒は一八禁

ですが、ビールやワインは一六禁なので、高校生でも買うことができて飲めるのです。

そして実は、未成年者飲酒禁止法が成立する以前の明治時代の日本でも、年齢制限の必要性は理解されず、議会でも長年棚ざらしになっていました。

これら年齢制限の違いは、民族や国や時代によって、大人と子どもの境界や、酒やタバコという危うさを持った嗜好品に対する考え方が異なるためなのです。

！ 飲酒も喫煙も、国によってこんなにルールが違うのか！

身長で電車の運賃が決まる

中国、香港、台湾、シンガポールなどの中国語圏では、地下鉄改札口や、バスのステップ、入場券売り場などに、しばしば身長を測る物差しや目盛りが取り付けられています。これは、大人料金か子ども料金かを身長で決めているからです。

中国四大名園の一つ、江蘇《こうそ》省蘇州《そしゅう》市の拙政園《せっせいえん》の場合は、身長一二〇センチメートル以下は無料、一五〇センチメートルまでは子ども料金ですが、それ以上は大人料金です。改札口に身長九五センチメートルのキリンのボードが設置されている香港の地下鉄は、三歳以上、あるいは三歳未満でも身長が九五センチメートル以上だと子ども料金がかかります。台北《タイペイ》の地下鉄の場合は、一一五センチメートル以上だと大人料金、それ未満は無料、ただし一一五センチメートル以上でも六歳未満と証明できれば無料といった具合で、同じ子どもでも、場所によって子ども料金だったり

大人料金だったりします。

日本では未就学児か小学生か中学生かで決めますから、身長で決めるなんて不公平で非常識だという印象を受けてしまいますが、中国人には日本のほうがよほど不公平に見えています。

なぜなら、身分証明書を確認しない限り、年齢はごまかせてしまうからです。しかし、身長なら一目瞭然でごまかしようがないから公平だというのですから、思わず納得してしまいます。

!

身長の高い子は、なんだか損した気分になりそうだな

何歳でも独身ならお年玉がもらえる

日本では、五〇歳までに一度も結婚したことがない人の割合を示す生涯未婚率が、二〇二〇年の国勢調査で男性二八・三%、女性一七・八%にものぼりました。男性の四人に一人、女性の六人に一人以上が生涯で結婚しないということになり、二〇一〇年と比べると、男性が八・二ポイント、女性が七・二ポイントも増えていて、驚きのニュースとなりました。これでは少子化が進むのは無理もないことですが、もし香港だったら、これらの人たちはなんと、たとえ五〇歳でもお年玉がもらえてしまいます。

香港の正月では、既婚者が同僚や親戚、友人や行きつけの店の店員などに日本のポチ袋そっくりの赤い袋に入れた「利是《ライシー》」というお年玉をあげる慣習があります。お年玉をあげるか否かに年齢は関係なく、相手が未婚ならあげるのです。もらった

人はくれた人が幸せになるように、「身體健康《センティジンキャン》」「心想事成《シンシャンシーチェン》」などとあいさつをします。

しかし、若いころはともかく、ある程度の年齢になれば、もらってもうれしいとは思えなくなります。結婚していることが一人前の条件という民族は多く、中国でも独身は半人前という考え方があります。そのため、子どもと同じ扱いで「はい、利是!」と言われても、素直に喜べないのです。

!

子どもと一緒にお年玉をもらっても、複雑な気持ちになりそうだな

大人になるために命がけでライオン退治

エチオピア南部の農牧民ハマルの男性は、大人になるために、暴れる牛八頭から十数頭の背中の上を二、三往復する危険な儀式に挑戦しなければなりません。見事に成功すれば、大人としての名前が与えられますが、失敗してしまうと大人になれず、一年留年して翌年に再挑戦することになります。

ケニアやタンザニア北部の民族マサイの場合は、恐ろしいライオンを一人で殺すという試練が課されていました。万が一失敗すればライオンの餌食。一年どころか永久に留年になってしまいます。

他にもバンジージャンプなど、怖くて危険な、本当に死にかねない成人儀礼が世界にはたくさんあるのですが、シエラレオネの農耕民メンデのように、死んだ真似をするという儀式もあります。腹に鶏の血が入った袋を巻き付け、槍で突いて血を

流し、死んだことにするのです。大人として生き返った後は、名前を変え、知人に会っても知らないふりをします。
ネイティブ・アメリカンの場合は、母の胎内を思わせる狭く真っ暗な蒸気風呂に入って失神し、そこから出てくることで子どもとしては死に、大人として生まれ変わることを表現した儀礼を体験させます。こうすることで、自覚を持った立派な大人に成長できると考えられているのです。

一八歳で自動的に大人になれる日本は、すごく楽なんだな

少しでも若く見られたい女性

欧米人の目には、多くの日本人女性は実年齢よりも若く見えるといいます。これは、欧米人は彫りが深いためクマやたるみができやすいのに対し、日本人は彫りが深くなく、さらに日焼けを避けるのでシミやしわができにくいといった違いがあるからです。また、化粧の違いも大きく、日本人女性は少しでも若々しく見えるようにと入念に化粧する人が多いのに対し、欧米人はずっと簡単で、フルメイクをする人は少なく、化粧しない人も多いのです。持ち歩いている化粧品の数も、日本人のほうが多いといわれています。

これは日本で、女性は若いことに絶対的価値があると考えられているため、若々しく見られたいという人が圧倒的に多いからでしょう。「おばさん」という呼び方も、今や侮辱語と化しました。

一方で欧米人は、若く見えることがうれしいという人は少なく、年相応に見られたいという人が多いのです。つまり、様々な経験を重ねてきた自分の人生、自分自身の履歴書ともいうべき顔は、素のまま見せるのがあたりまえだと考えるのです。

どうがんばっても年は重ねるものですから、必死に抵抗をするよりも、受け入れて自らの人生に自信と誇りを持つほうが、素敵な文化といえるのかもしれません。

女性の化粧に対する考え方も、こんなに違うものなのね

ハゲは知恵の象徴

日本の男性は年を重ねるにつれて薄くなる髪の毛を憂え、ハゲることは恥ずかしいと育毛剤に頼ります。ところが、ハゲの人が日本の五倍もいるアメリカでは「もう年だから」と嘆くのではなく、「年をとっているにもかかわらず元気だ」と考え、ハゲは知的に見えるともいいます。中国でも、額がハゲるのはよく頭を使った結果で知恵と経験の象徴だと、むしろ敬意をもって見られます。ハゲが少ないベトナムでも、頭をよく使った人ほどハゲやすいとされています。じつは江戸時代の日本でも、若いうちに生え際がハゲ上がる人は発達が早く、運気が強いといわれていました。加齢をどう考えるかは、民族や時代によっても異なるのです。

　子どもの死亡率が高かった時代では、生殖能力の高い若さが評価されますし、物質的な豊かさを求めていた時代では、必死に働いて稼ぎ、次々登場する最先端の商

知恵と経験の証
ハゲてらっしゃる…
賢いんだろうなあ

品やサービスを購入することが重要ですから、若いことや新しいことこそ価値があるとされます。

しかし今の日本は、子どもの死亡率は高くありませんし、大量生産や大量消費が求められる時代でもありません。むしろ、成長が一段落した成熟社会でどう生きるのか考える知恵こそが重要です。これからは単なる若さではなく、中国でのハゲのように、知恵と経験の積み重ねが素晴らしいとされることでしょう。

！ たとえ薄毛でも、中国だと隠さずに堂々としていればいいのか

まだ死んでいない人の葬儀をする

日本の葬儀といえば香典《こうでん》を持って行くのが常識ですが、ヒンズー教の葬儀では香典は喪が明けてから渡し、女性は葬儀に参列しないなど、その常識も様々です。

それどころか、そもそも「葬儀は死んだ人のため」という考え方とは限りません。ソロモン諸島ではなんと、まだ死んでいないうちから葬儀をするのです。ここでは「生きている」を意味する言葉 toa に対して、「死んでいる」を意味する mate がありますが、mate には「重病だ」「とても年をとっている」という意味も含まれています。つまり、死者も重病人も高齢者も同じ mate ですから、同じように葬儀をするのはあたりまえというわけで、生死の境界が日本の文化よりもずっと手前にあるということなのです。

オーストラリアのアボリジニーには、人を病気にしたり殺したりする邪術があり

みんなー
ワシの葬式に
来てくれて
ありがとー

ますが、かけられたとわかった人はそれだけでショックを受け、生きる意欲をなくし、食べることをやめてしまいます。まわりの人々もこれまで通りに接触するのをやめてしまうので、孤立し、衰弱し、本当に死んでしまうのです。邪術にかけられたとわかった時点で、死んだ人と同じ扱いにされてしまうというわけです。

何をもって「死」とするかは、民族や国によってまったく異なるものなのです。

！まだ生きているのに葬儀されるって、どういう気持ちなんだろう……

葬儀で人の死を祝う

紅磡《ホンハム》駅といえば、一九九九年までは香港を代表するターミナル駅でした。ところが駅前には巨大な斎場《さいじょう》ビルが立ち並び、周辺一帯は葬儀屋、花屋、墓石屋などがひしめく葬儀街になっています。

東京駅前に葬儀街があるようなものなので驚きますが、葬儀自体がまたすごく、新装開店のパチンコ屋のように花輪が並び、式場の飾り付けには「福壽全歸《フーショウチュエングゥイ》」というめでたい文字が踊り、にぎやかな音楽が演奏されます。ジーンズなどのラフな格好や、華やかな宝石やアクセサリーを身につけた参列者もいて、おしゃべりしています。香典を財布から取り出して裸のまま渡す人がいるかと思えば、おつりをもらっている人までいるほどです。

葬儀屋の店名にも「福《フー》」「壽《ショウ》」などの縁起のいい文字が入っており、棺屋や骨壺《こつつぼ》

屋の店頭には、棺が高く積まれ、骨壷が花瓶のように飾られています。

高齢者の中には、生きているうちから棺を買い、毎日磨いている人もいるのですが、この葬儀街の真ん中には、なんと「護老院《フーラオユェン》」、つまり老人ホームまでありま す。老後から墓場まで、なんでもここで済んでしまうという非常に便利な街なのです。

！ 日本の厳粛な葬式とは大違いだ……！

葬儀でストリップショーを上演

中国の文化では、天寿をまっとうし、遺族も生活に困らない遺産があるといった場合は「好喪《ハオサン》」といい、葬儀で笑ったりはしゃいだりすることは失礼に当たりません。さらに台湾の葬儀は一大イベントで、にぎやかに歌謡ショーを開いたり、ストリップショーを上演したりして、参列者を「観客」として喜ばせるのです。

誰が死のうと、葬儀はしめやかに、厳粛に行なわれるべきだという日本人の目には、同じ仏教だというのに、華やかな斎場やにぎやかで祝い事みたいな葬儀は信じられない光景に映りますし、ましてやストリップショーだなんてあまりに非常識なことだと思えてしまいます。

しかしじつは、中国人にとって葬儀は本当に祝い事なのです。人はいつか死にます。それならば、人生を長く生きた人とのお別れはみんなでにぎやかにお祝いしよ

うというのが彼らの考え方なのです。そのため、故人が若者の場合は、悲しみに包まれた葬儀をします。
故人が大好きだった歌やストリップショーで、人生を祝って送り出そうとしているのだと知れば、台湾の一大イベントも非常識などとはいえないでしょう。

!
最期をにぎやかに
送り出してくれたら、
故人もうれしいのかもね

ド派手なデザイン棺桶でお見送り

ガーナの人にとって、冠婚葬祭は家の格式を示す大事な儀礼です。葬儀も一、二ヶ月かけて綿密に計画を立て、大金を投じて二、三日がかりで行なわれます。太鼓を打ち鳴らし、ラッパを吹きながら歌を歌ってみんなで踊り、記念写真を撮るなど、じつににぎやか。遺族が泣くことはあるものの、参列者にとっては食べて飲んで踊る一大イベントです。

中でもすごいのが「デザイン棺桶」と呼ばれる棺で、墓地まで担いで行進します。動物や植物から、車、船、飛行機、そして酒瓶をかたどったものまでじつに多様で、平均月収五、六千円という人々が三万円から七万円も出して特注するほどです。

デザインは故人の職業にちなんで、音楽家はピアノ、教師は万年筆、漁師は漁船、大工は鉋《かんな》、農民は玉ねぎ、肉屋は豚などとあまりに個性的。故人が好きだったから、

ビールやコーラの瓶、亀やカタツムリなどというのもあります。

子どもを一生懸命育てたよき母親だったから雌鶏《めんどり》とか、事業に成功したからベンツ、海外旅行に憧れていたから飛行機など、故人の人生をみんなで偲び、死後の世界へにぎやかに送り出そうという心のこもった葬儀なのです。

！　故人を表す棺桶でにぎやかに送り出せば、お祭りみたいで楽しそう

コラム 1

世界のアブナイ「色の道」

☺ 結婚式で赤っ恥《中国》

中国人と結婚した日本人女性が真っ白な花嫁衣装で登場したとたん、「縁起でもない！」と宴の場が凍りついてしまいました。

日本では角隠《つのかく》しや白無垢《むく》、現代のウェディングドレスなど、吉事の女性の正装に白色が多く用いられます。しかし、中国では吉事といえば紅色で、ウェディングドレスも紅色。白色は不吉で縁起の悪い色とされており、喪服の色も中国では白色なのです。

近年の中国では、欧米の影響で白色のウェディングドレスも増えてきているようです。しかし中国人にとっては、ハレの舞台を演出する日本の紅白幕が理解できず、「白衣の天使」である看護師を見て震える入院患者もいるほどですから要注意です。

☺ 葬式でびっくり仰天《日本》

富山に実在する赤い霊柩車《れいきゅうしゃ》は、中国人ならずとも日本人でもびっくり仰天です。さらに、島根や福井などの一部地域では、なんと葬式に赤飯が出ます。起源ははっきりとはわかっていませんが、長寿をお祝いするためだという説や小豆の赤色が邪気を払ってくれるためだという説があります。

また、喪服といえば黒色を私たちは思い浮かべますが、じつは元々日本でも喪服は白色でした。黒服は欧米の影響によるもので、古くからの伝統ではありません。そもそも、葬送の色を白色とするのは中国や朝鮮半島だけでなくけっこう国際的で、ロシアでもかつての農民の死装束は白色でした。

メキシコのグアナファトでも子どもが死ぬと白色、大人だと黒色のリボンを玄関に飾って喪に服します。フィジーでも死後一〇〇日目の供養で贈るパンやパイを載せるマットが白黒の格子模様で、これらは現代の日本同様、白黒が弔事を表しているのです。

第3章

コミュニケーションのヘンな常識

人は一人では生きられませんから、
他者とのつながりを求め、
社会の一員として生きていきます。
しかし、自分と他者は別の人間ですし、
利害が対立し、敵対することもあります。
人は連帯と対立という矛盾した
関係の中で生きていくしかないので、
それぞれの民族が
このやっかいな関係をなんとかしようと、
様々な仕組みを創り出してきました。

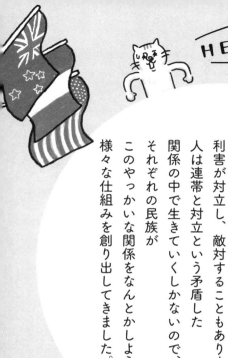

証明写真はなぜか正面顔

私たちは学生証、履歴書、免許証など、様々な場面で証明写真を使います。証明写真といえば脱帽の顔写真が原則で、しかも、顔はなぜか正面限定です。横から見た顔も斜めから見た顔も、怒った顔も泣いた顔も自分の顔のはずですが、社会が認めるのは感情のない正面顔なのです。肖像画や紙幣の顔も正面顔ばかりで、美人画でも横顔はめったにありません。

ところが古代エジプトとなると、絵も彫刻も横顔ばかり。世界初の郵便切手であるイギリスの切手はヴィクトリア女王の横顔で、紙幣や貨幣も横顔が多いのです。五ドル紙幣に笑顔のヒラリー卿の横顔が描かれているニュージーランドでは、椅子が横向きに置いてある写真館もあるほどで、警察の面通しでも横顔を見せます。

こうした背景には、顔の造りの違いがあるといわれています。顔が立体的で凹凸《おうとつ》

がはっきりとしているヨーロッパ人は、横顔こそがその人自身をよく表すと考えられてきました。一方で、平面的な顔の日本人は、いわゆる「ぐるり高」の反対である「中高」が良い顔立ちとされてきたように、顔を正面から見た美貌観が伝統だったのです。

いずれにしろ、正式な顔がどんな向きの顔であるべきかはそれぞれの社会によって決められているのです。

たしかに、日本での証明写真は正面を向いていないとダメとされるね

混んでいる電車はあっさり見送る

電車の屋根の上まで乗客が乗っているインドやインドネシアほどではないものの、日本の通勤電車は毎日のようにすし詰め状態で、乗客は他人の身体をぐいぐい押しながら乗り込みます。

最近はあまり見かけなくなりましたが、溢れ返る乗客をなんとか車内に押し込む「押し屋」と呼ばれる駅員がいるほどでした。

しかし香港やニューヨークの地下鉄では、乗客は混んでいたらあっさりあきらめるのが常識です。他人の身体に触れたり押したりすれば喧嘩寸前になりますし、下手したら「チカンだ！」と訴えられてしまいます。

香港名物の二階建てバスは、二階での立ち乗りが禁止されています。これは横転防止のためなのですが、なんと元祖二階建てバスのロンドンは、定員を超えると停

留所を通過してしまうほどです。
満員電車を降りるにも、日本では声を掛けずとも、何気なく接触すればよけてくれますし、押し分ける人さえいますが、イタリアでは「シェンデ（降ります か）？」と聞き、「ノー」と言われたら「ペルメッソ（失礼）」などと声を掛け合いながら進むのが常識。
たかが満員電車のマナー、されど多文化共存にはすごく大事なことなのです。

！満員電車に駆け込む日本人は、時間に追われすぎているのかも？

がら空き電車でも隣に座る

日本では、電車が空《す》いているときならロングシートの端に座る人が多いでしょう。次の人は隣には座らず、反対側の端に座り、その次の人は二人から離れて座ります。ところが世界には、がらがらでも当然のように隣に座る民族もいてギョッとします。

人は他人に触られるのを嫌がりますが、これは身体が侵害されるのを避けるためです。私たちの身体は、動物の縄張り同様に、目に見えない何重もの壁に囲まれていて、身体から近いゾーンに侵入されるほど嫌悪感が強まります。

ただしこの距離は相手との関係と連動して伸縮し、赤の他人なら外側のゾーンでも嫌悪感を抱きますが、恋人なら侵入も大歓迎。つまりこのプライベートゾーンは、互いの親密度によって厚さが異なるものなのです。

ただ、この見えない壁の厚さは民族によっても異なり、イギリス人や日本人のよ

うにかなり厚い民族もいれば、話をする相手には息を吹きかけるくらい近づかないと失礼だというほど壁が薄いアラブ系の民族もいます。
好意のつもりで接近しても、敵意ありとか「チカンだ！」とか、思わぬ誤解が生じてしまう可能性もありますから、異文化コミュニケーションは簡単ではありません。

！ いきなり隣に座られたら怖いよ！

自動化はいらない

ニュージーランドのバスには案内放送や時刻表がなく、さらにバス停に名前がないこともあってじつに不便です。しかし、バスに乗るにも降りるにも、運転手とあいさつをするのが常識で、運転手に気軽に行き先を尋ね、バス停に居合わせた人同士も気軽に尋ね合います。

じつは、バス停に名前も時刻表もない国は意外と多いのです。今日の日本では、接近表示や案内放送、整理券といたれり尽くせりで、降車ボタンを押すと「次停まります」と人工音声が応答してくれますし、バス停で居合わせた人に発車時刻を尋ねる必要もありません。ボタンを押さずに「次のバス停で降ります」と声を掛けたりしたら、ヘンな乗客だと思われてしまいます。

ひたすらに便利さを追求し、客が口をきく必要のないコンビニやセルフレジ、自

動改札や自動販売機、自動ドアと、「無人」「自動」が溢れる日本では、便利になればなるほどに会話がなくなります。
一方でコンビニも自動販売機も珍しく、ドアはほとんどが手動で、後ろの人のために押さえて待ち、タクシーは運転手の隣に座って話すのが常識というニュージーランドでは、不便や面倒と引き換えに、人と人のコミュニケーションが溢れているわけですから、本当の便利さとはなんなのだろうと考えさせられます。

！ 自動化が進むと同時に、コミュニケーションは減っていくよね

割り勘が嫌い

私たちは友人と食事に行くと、「今日は割り勘にしよう」などと、飲食代を均等に人数分で割って支払うことがあります。しかし、お隣の韓国には割り勘の文化がありません。飲食店でまごつく外国人旅行者の分まで支払ったり、料理を取り分けたりと世話好きが多い韓国人ですが、割り勘は人情味がないと考えられ、立場や年齢が上の人がおごるのが常識となっています。対等な友人グループでも「今日は私が払うから」となり、次の食事では他の人が全員分を支払います。中国人も、立場が上の人が支払い、対等な関係でも誰かが全員分を支払うのです。

もらったらお返しをしなければと思うのは、「もらう」ということがある種の負債を抱えることになるからです。つまり上の立場の人が払うというのは、高齢者と若者、親と子ども、上司と部下、先輩と後輩などを、ずっと貸しがある、借りがあ

るという立場に置き続けることです。そうすることによって序列が明確になり、秩序が維持されるのです。

対等な友人グループ内の持ち回りでも、全員が常に誰かに貸しがあり、借りがある立場になりますから、グループの付き合いや連帯感を維持し、親密度を高めることができます。そのため、割り勘する派の人たちは、冷たくて寂しい人だと思われてしまうのです。

おごる、おごられるの関係には、そんな意味があるのね

殺人犯に遺族の面倒を見させる

人も動物ですから生まれながらに闘争本能があり、物や土地、地位や名誉、異性など様々なことで争います。しかし闘争は人の命を奪うだけでなく、社会をも混乱させてしまいますから、どの民族も闘争回避の工夫をしてきました。

マレーシアの先住少数民族オラン・アスリは、殺人犯には自分で穴を掘らせて被害者の遺体を埋葬させ、さらに遺族の面倒を見させます。殺人犯に、被害者の身代わりとして苦しい人生を歩ませることで、憎しみの連鎖による復讐を回避し、同時に遺族の生活も保障するという、マレーシアの法律でも認められている慣習なのです。

フィリピンのムスリム民族集団マラナオの人々は、名誉をとても重視するので、身内の名誉が傷つけられると復讐しなければならないとされ、しないと逆に非難さ

れます。ただ女性の場合は家族が殺されても復讐できないので、息子に託すのですが、一方の加害者は、婚資を受け取らずに自分の娘を被害者側に花嫁として提供しなければいけません。
そんなことで結婚させられた娘は大変な人生を歩むことになってしまいますが、それによって、恨みの発生や復讐の連鎖を防ぎ、事態を収拾させようという巧みな工夫なのです。

！殺人犯と接して生きていくなんて、考えられないな……

決闘で戦争を回避

オーストラリアの先住民アボリジニーの社会では、個人間に揉めごとが生じた場合、決闘場で一対一で戦わせました。盾で攻撃を防ぎながらこん棒で叩き合うのですが、しばらくすると年長の女性が登場して戦いを遮り、死者が出ないように戦士のための祈祷を始めます。

これで当事者たちは体面を保ちつつ闘争心を鎮めることができるので、けが人を最小限にとどめ、戦争に発展することなく平和をもたらすことができる優れた工夫なのです。

ペルーの喧嘩祭り「タカナクイ」では、クリスマスの日に、土地の境界争いや三角関係の揉めごとなどを抱えた男たちが一対一で戦います。本当に危険なことにはならないようジャッジが見守る中、大観衆の前で殴り合いや蹴り合いをさせるので

す。ジャッジが勝ち負けの判定を下しますが、最後は大勢の観衆の前で握手して別れ、それ以降、遺恨や後腐れは一切あってはいけないことになっています。

闘争本能を無理に抑え込むのではなく、社会全体で管理した中で発散させ、当事者同士の冷静さを取り戻させるという、大変よくできたガス抜きの仕組みなのです。

不満を発散させる場所があれば、爆発してしまうこともないな

戦争の代わりに歌合戦

アラスカやグリーンランドの先住民イヌイットの歌というと、女性二人が向き合って吸気と呼気による有声音と無声音を出し合い、どちらが先に息切れするかで勝敗を決める「喉歌《のどうた》」が知られています。しかし、イヌイット社会での歌は、単なるゲームを超えた重要な機能を持っています。

じつは揉めごとが起こると、平和な歌合戦によって決着をつけていたのです。

イヌイットには、熊の膀胱《ぼうこう》を張った太鼓を叩いて歌い踊る文化がありますが、これは単なる娯楽ではありません。個人間や集団間で争いがあると、二人の男性が、相手の名を呼んで罵《ののし》ってけなす歌を作り、群衆の中に立って歌うのです。群衆を大笑いさせたほうが勝ち、持ち歌がなくなってしまったほうが負けと決まっていて、この歌合戦は高まった闘争本能を発散させ、争いを収束させる見事な仕組みとなっ

お前は まるで〜♪
トナカイみたいな〜♫
匂いがする〜♪
ヘイヘイ
ワ
ワ

ています。
極北の厳しい自然環境の中で暮らすイヌイットにとって、戦争で若い男性が殺し合うことは、当事者だけでなく、社会全体にとっても危険で不利益が大きすぎます。そこで歌合戦という、誰も死んだりけがしたりすることなく、闘争本能を発散させる素晴らしい解決方法が作り出されたのです。

歌で感情を発散させるなんて、ラップバトルみたい！

揉めごとは謝罪と贈り物だけで解決

コショウ科の低木の根から作られるカヴァは、メラネシア、ポリネシアの島々の祝宴に欠かせない飲み物です。飲むと爽快な気分になり、会話が弾む覚醒作用があるので、政治的な対立が生じた場合にも、双方が一緒にこれを飲み、紛争解決に向けた話し合いを進めるという大事な役割を担っています。

さらにフィジーの場合は、村の中で生じた揉めごとを、警察や法律に頼らずに、一切争うことなく自分たちだけで解決する謝罪儀礼を作り出しています。これは村で何か揉めごとが起こると、揉めごとを起こした人とその人が属する氏族が、交換財（お金の代わりに使われる品）である鯨《くじら》の歯や灯油缶を持って相手方の氏族を訪れ、許しを求めるものです。謝罪の言葉を述べ、贈り物をすれば、相手側がそれを受け入れないことはまずなく、揉めごとはめでたく解決となります。

揉めごとにいつまでもこだわっていたら、フィジーのような小さな島国では社会が成り立ちません。
なのでこうした工夫が不可欠で、「他人の過ちを許し、忘れる」という寛容な文化が作り出され、島の人々もそれがフィジー独自の文化を象徴する美徳だと考えているのです。

！ 迅速な謝罪とお詫びの品があれば、大きな問題にはならないかもね

対立したら浮島ごと切り離す

コンゴの採集狩猟民ムブティは、みんなが対等な関係で、村のリーダーである首長もいません。それどころか、威張ったり目立った行動をしたりするだけで、からかわれて冷笑されてしまうのです。そのため人間関係の摩擦《まさつ》があまり生じず、争いが起きても個人間で折り合って解決します。どうしても折り合いがつかなければ、別のキャンプに家財を持って移動することで距離を置き、冷却期間を作ります。しかし、人より物を多く持つだけで非難され、分配を求められるような社会ですから、家財といっても最小限で、移動は簡単なのです。

ペルーのティティカカ湖上に住むウル族の場合は、土地という不動産を持っていません。彼らが暮らしている場所は、葦《あし》のようなトトラという植物で作った浮島の上なのです。仲間が増えればトトラを刈ってきて島を拡張するだけ。逆に仲間と対

立すれば、島を切り離して家ごと移動させてしまいます。これなら境界争いなどありえませんし、紛争解決も簡単です。

人の世に摩擦や対立は避けられませんが、私たちと違って財産や不動産にこだわらないシンプルライフだからこそ、これらの民族は気軽に心穏やかに暮らせる社会を実現させているのです。

簡単に拡張や切り離しができる浮島だからこその解決策だな……

第4章

身のまわりのヘンな常識

人が生きるためには、まずは身のまわり、
さらには広い未知の世界に
何が存在するのか、
なぜ存在しているのかを
しっかりと知らなければなりません。
そして、そのためには
自ら動かなければなりません。
世界の民族は、何をどう知り、
どう動いているのでしょうか。
そしてその背景には何があるのでしょうか。

南が上の世界地図

オーストラリアやニュージーランドには、南半球が上になっている世界地図があります。土産《みやげ》用の簡単なものから地図専門店で売られている詳細なものまであり、学校の教室にも貼られているのですが、日本ではあまり馴染みがありません。

本来、地球に上下などありませんから、東西南北どちらを上にしてもよいはずです。しかし、人口も先進国も集中し、世界の歴史を中心的に動かしてきたのが北半球だったために、世界地図は北が上という認識があたりまえになってしまったのです。オーストラリアやニュージーランドでは、南が上になっている世界地図を、down under などと呼び、文字通り「ずっと下」に見られてきた二国の人々による、北半球中心の世界観に対する強烈な皮肉になっています。

エルサレムを中心に描いた中世の世界地図は、エデンの園がある東が上になって

おり、キリスト教的世界観が重視された時代ならではの世界地図となっています。

さらに日本でも、江戸時代の江戸の地図は西が上でした。これは天皇がいる都、京都の方向こそ上と考えられていたからです。

地図ひとつをとっても、それぞれの民族や時代の価値観、世界観を反映したものになるのです。

!

欧米の世界地図では、日本は文字通り「極東」に描かれているんだよね

住所というものがない

日本の都市は通りの名前がないことも多く、住所といえば○○町××丁目と区画に名前が付き、その中に番地が振られていく街区方式です。

これだと住所だけを頼りに目的地まで行くのは難しいですが、一方でロンドンやニューヨーク、香港は道路方式といい、どんなに短い通りにも名前があり、通りに沿って片側に奇数、反対側に偶数の番地が付けられています。つまり、一つの通りに沿って「○○ストリート何番地」が延々と続きますから、隣家でも入り口が面している通りが異なるとまったく違う住所になります。しかし住所を見るだけで目的地へ行くには、どの通りをどちらの方向に行けばよいのか、通りの右側か左側なのかまで簡単にわかりますから、移動を重視する民族らしい方式です。

ロンドンの住所はすごく簡単で、E、W、N、EC、SW、NW、SE、WCと

いった略号と郵便番号だけでタクシーは目的地に着くことができ、郵便物も郵便番号だけで届いてしまいます。
ドバイとなるともっと簡単で、そもそも郵便物の宛先は私書箱です。何しろ、一昔前は遊牧民が移動生活をしていた砂漠だったので、定住の習慣がなく、元々住所というもの自体が存在していなかったのです。

住所がないなんて、旅行するときは地図が必須だね

表札は出さない

ニュージーランドでもすべての通りに名前があり、左右交互に偶数、奇数の番地が付けられています。それが道のいたるところに表示されているので、目的地の方向も、右側か左側かも簡単にわかります。ところが目的地と思しき場所に到着しても、表札がまったく見当たらないため、本当にその家なのかどうかがわかりません。

一方の日本では、名前のない通りが多く、番地の付け方もごちゃごちゃで、迷子は必至なのですが、門や玄関に表札を掲げている家が多いので、目的地の家かどうかを見分けることは簡単です。

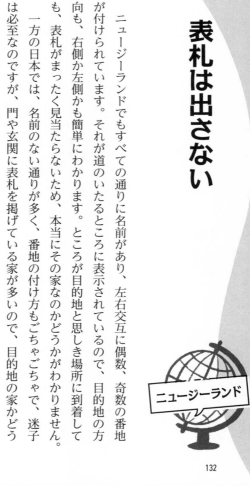

こうなるとどちらが便利なのかわかりませんが、ニュージーランドに限らず表札は世界的にも珍しく、日本の植民地支配の影響が残る韓国にあるくらいなのです。

さらには日本でも、大名屋敷や武家屋敷が立ち並ぶかつての江戸の町で町名が付

けられていたのは町人地だけで、武家地には町名自体がなく、表札は武家や医師、狂言師など特定の職業の家だけに限られていました。江戸っ子は迷子にならないように切絵図《きりえず》を手に、寺社や橋、坂の名前を頼りに歩いたのです。

迷路のような現代の東京でも、交差点やバス停、駅名に寺社、橋、坂の名前が入っていることも多いですから、何百年たっても案外町は変わらないものです。

！ 場所の表し方も家の見分け方も、国によってこんなに違うのか！

総面積の六割は自治体がない

日本では、新しく作られた埋立地がどの自治体に帰属するかが決まっていなかったり、自治体間で境界線を争ったりしている例はありますが、国土のほぼ全域がどこかの市区町村に属しています。

ところがアメリカには、住所がない番外地どころか、そもそも自治体がない地域が存在するのです。とりわけカリフォルニア州は、面積の六割以上が自治体のない地域になっています。

というのも、「自治」体といいながら国が上から定めている日本とは異なり、アメリカは移住者の地域コミュニティからできた国で、そもそもの国の成り立ち自体が異なっているのです。アメリカでは、人口の二五%の署名を集め、財政など行政運営の条件を整えて専門機関の認可を得た上で、住民投票で賛成が得られれば、新

しく自治体を作ることができます。たとえば、ロサンゼルスの北西三キロメートルにある人口三万五〇〇〇人の町ウェストハリウッドは、生活や地域社会を守るためにゲイの人々が一九八四年に新しく作った都市です。

つまり裏を返せば、このように住民側が作ろうとしなければ、どこの自治体にも帰属していない地域が生まれるというわけです。

住民たちの自発性を大事にしているのかな

「この先」の矢印は下向き、「この手前」は上向き

私たちは見渡す限りの雪原や砂漠、植物に覆いつくされたジャングルなどに取り残されたら、どの景色も同じに見えてしまい、たちまち迷子になってしまいます。しかし砂漠の民や森の民、極地の民ならば、ちゃんと目印を見つけて迷わずに移動できるため、私たちの目にはまるで超能力者のように見えることでしょう。

ところが逆に、こんな超能力者も東京にやって来れば、駅の乗り換えもトイレ探しも迷子になってしまいます。駅には彼らが目印にする植物相の変化も、雪の積もり方の違いも、動物の痕跡もありません。こうなると今度は、案内標識や矢印といった目印を素早く目で追いながらすいすいと移動できる東京の人々が、彼らには超能力者に見えるのです。

ただし東京の超能力者も、パリやウィーンに到着するやいなや、すぐに迷子に

なってしまいます。「さて、トイレ」と、いつもの要領で案内標識が示す矢印の方向に進んでもたどり着けません。
じつは、日本では「この先」は上向きの矢印、「手前」は下向きの矢印が常識なのに対し、パリやウィーンでは逆で、「この先」が下向き、「手前」が上向きなのです。これを知っておかなければ、どこまで進んでもトイレにたどり着けず、非常事態となってしまうのです。

！ 国が違うと、移動だけでもこんなに違いがあって大変だな

指だけでなく全身を使って数を数える

得票数などを数えるのに「正」の字を書くのは、漢字圏の日中韓で共通の文化ですが、アメリカ、フランス、フィリピン、ミャンマーなどでは一から四までは縦線を書き、その上に斜め線を引いて五とします。

指で数えるなら、日本人は親指、人差し指、中指と折りますが、ドイツ人、スペイン人などはまず指を全部折り、親指から順に立てていきます。

ベトナム人は、指は指でも関節を数えます。左手親指で、小指の第一関節、第二関節、第三関節を指して一、二、三、薬指で四、五、六、同様に中指と人差し指で一二まで数えます。その先も親指で一三、一四、小指に戻って一五、一六、一七と続けられますし、片手で一二までというのは干支を数えるのに便利だというのです。

さらに、樹上家屋で知られるインドネシアの民族コロワイは、左手の小指を一と

し、左手の指が足りなくなると手首、前腕、肘、上腕、肩の順番で一〇まで数えます。さらに首が一一、左耳が一二、そして頭のてっぺんが一三となりますが、そこから右耳を一四、首を一五と折り返し、右手小指でなんと二五まで数えるのです。

　数え方は民族によって多種多様なのですが、数字という目に見えないものも形のある身体に置き換えようと考えるのは人類共通なのです。

！

身体を使って数を数えるのはわかるけど、全身まで使うの!?

九九を二〇の段まで覚える

掛け算の「九九」といえば、私たち日本人は小学生のときに「インイチガイチ（一×一＝一）」から「ククハチジュウイチ（九×九＝八一）」まで、節を付けて覚えます。韓国も日本と同じで、やはり節を付けて「九九段《クグダン》」を覚えます。中国や台湾は「九九乗法表」で、「が」が「得《デェア》」になるだけなのですが、そもそも九九は紀元前八世紀ごろに中国で作られ、奈良時代以前に日本に伝わったものなので、似ていて当然です。「九九」という名前も、昔の中国では今とは逆で「九×九＝八一」から始められていたことから付けられたのです。

イタリアやドイツの子どもたちは、一〇の段まで覚えさせられるので大変なのですが、シンガポールやタイ、ラオスやオーストラリアなどでは、一二の段、つまり「一二×一二＝一四四」まで覚えさせられます。ダースや時間の計算には便利です

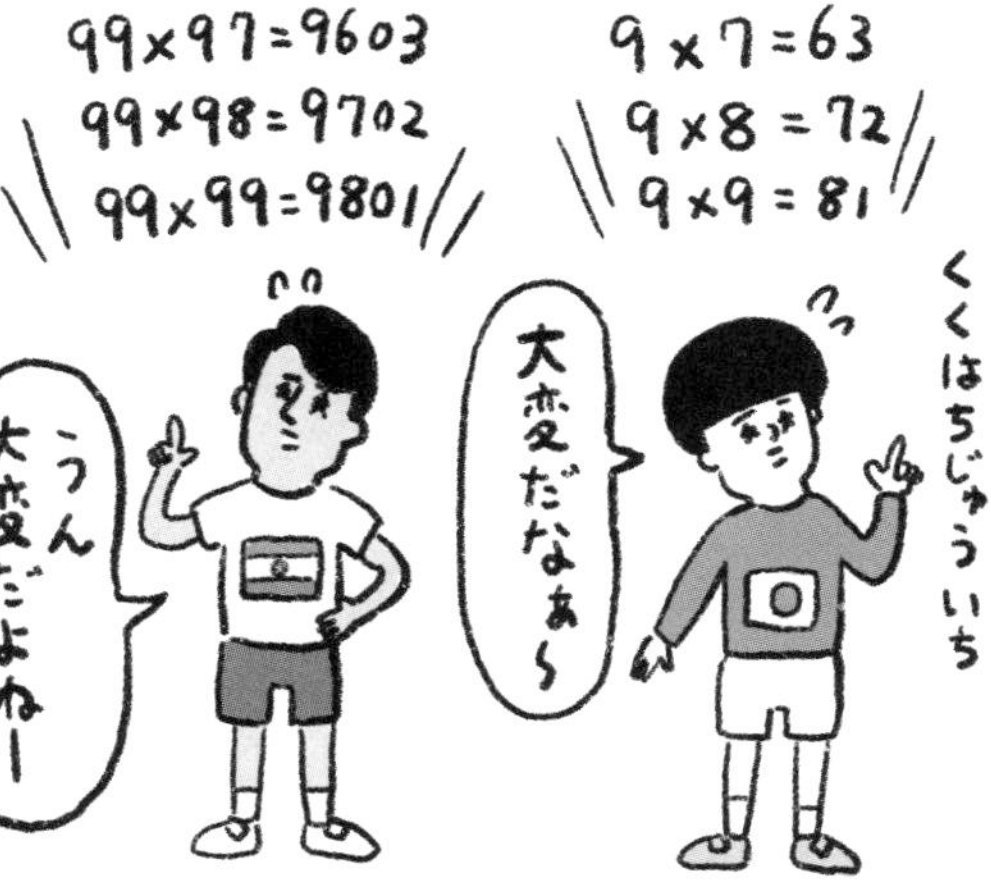

が、IT大国インドともなると二〇の段まで、学校によっては九九×九九まで覚えさせられるのですから、さすがはゼロを発見した民族の子孫です。
一方で、フィンランドでは九九を暗記させません。これは自分自身で問題解決する力を伸ばすという教育方針ゆえ、暗記よりも学び方や考え方を重視するからです。さすがは学力世界一の国なのです。

!
二桁×二桁の掛け算なんて、覚えられないよ！

掛け算は指でできる

フランスでは、八〇を「quatre-vingts」、つまり「四×二〇」と掛け算で表します。また、九八となると「quatre-vingt-dix-huit」、つまり「四×二〇＋一八」と表すので、日本人からするとかなり複雑に感じてしまいます。

さらにフランス人は、九九を五×五まで覚えていれば指で掛け算ができるのです。

それ以上の数を計算するには、たとえば七×八なら

①左手で七を表します。親指から順に折るため、七は薬指と小指を立てます。
②右手で八を表します。中指と薬指と小指を立てます。
③立っている指の数を足すと答えの一〇の位です。この場合、一〇の位は五です。
④折れている指の数を掛けると答えの一の位です。つまり一の位は六になります。

よって、答えは五六です。

七×八＝五六ですから正解ですし、数字が大きくなるほど役には立つのですが、こんなややこしい計算方法では九九を覚えずに済んでも、算数が嫌いになってしまうかもしれません。

かえってややこしく感じる計算方法だな

月を見れば日付がわかる

時の流れの捉え方は、世界共通ではありません。

一年の始まりも、私たち日本では一月一日ですが、北米のネイティブ・アメリカンは春分や秋分の日、シベリアの民族ユカギールは夏至の日になっていますし、イスラム圏では前夜に月を観測できないと決まりません。古代中国は冬至の日だったのですが、これはこの日を境に生命の源である太陽の生命力が復活すると考えられていたからのようです。

一年の中身も、パプアニューギニアのワロモという民族では四季ならぬ「九季＋空白」で、季節の名前はその時期に獲れる魚や漁法の名前になっています。空白は魚が獲れない時期のことで、漁民の生活に直結した便利な分け方です。

日付に関しても、世界中どこでも一日、二日と数字で表現するとは限りません。

「月が時を創り、時を測る」と考えるインドネシア・カリマンタンの民族ダヤクは月の相で表現します。これなら、空を見れば日付がわかるので便利です。

そもそも私たちは、時は過去から未来に直線的に進むと思っています。しかし、イヌイットとなるとそもそも一年という単位がなく、時は冬、春、夏の三季が順に繰り返していると考えられているのですから、時間観は民族によって多様です。

！ お正月は、全人類共通のものではないんだね

航空運賃は体重で決まる

私たちは誕生日を迎えるたびに、年齢が一つずつ増えていきます。しかし年齢といっても様々で、「数え年」では生まれたときを一歳とし、元日に全員一斉に年をとります。これは中国や朝鮮半島の文化で、日本でも第二次世界大戦後の一九五〇年までは日常的に使われていました。個人である以前に、国家の一員であることを重視する社会ならではの数え方なのです。

年齢を数えない民族も存在し、ニューギニアでは今でも年齢を正確に覚えていない人がいます。これは元々数を一〇や二〇までしか数えていなかったからなのですが、上下関係なら出生順を覚えておけばわかるので問題はないようです。

スリーサイズの数値も、江戸時代の日本人には無縁でした。スリーサイズを測るようになったのは、第二次世界大戦後、女性の身体の線を強調するアメリカ文化の

服装が普及した影響によるもので、身体の線を隠す和服とは逆の考え方です。

さらに、太った人が多いサモアでは、なんと運賃を体重で決めていた航空会社があります。たしかに、鉄道と違って飛行機なら重さが重要です。

人の身体はどこでも測ることができますが、何を数えるか、測るかの基準は、それぞれの民族や時代によって異なるのです。

！

体重が重い人ほど運賃が高いのはわかる気もするが、少し悲しいな……

コラム 2

世界のアブナイ「ジェスチャー」

☺ショッピングはご用心《ブラジル》

ブラジルの土産物店では、握りこぶしの人差し指と中指の間から親指を突き出した木彫りが売られています。日本では大ヒンシュクを買ってしまうジェスチャーですが、ブラジルでは「幸運」を意味するサインなのです。

それでは買おうと、親指と人差し指で丸を作って値段を聞こうとすると、店員に怒られてしまいました。日本では指で丸を作るOKサインはお金を表しますが、ブラジルでは「おしりの穴」という意味になってしまうのです。ブラジルで値段を聞きたいときは、親指と人差し指、中指の腹を擦り合わせます。

さらにOKサインは、フランスだと一部の地域を除いて「ゼロ」「価値無し」という意味ですから、またまた店員を怒らせてしまうので要注意です。

☺バス、タクシーにご用心《ドイツ》

ギリシャで、ヒッチハイクしようと親指を立てても誰も止まってくれません。このハンドサイン、ヨーロッパの大半では「感謝」や「OK」を意味しますが、ギリシャや中東などでは、下品かつ相手を侮辱する意味になってしまいます。

ドイツではタクシーはもちろん、バスも合図をしないと止まってくれません。しかし、日本式に手を挙げるのはNGです。なぜならこのジェスチャーは、民衆扇動罪で禁止されているナチス式敬礼に似ているからです。実際、ふざけてナチス式敬礼をした外国人観光客が警察に捕まってしまった事例もあります。

なにしろ店に飾られたサンタクロースが右手を挙げているからと撤去されるほど厳しく、学校でも生徒が手を挙げるときは人差し指だけを伸ばします。

ですから、ドイツでバスやタクシーを止めるときは、斜め下に手を差し出して合図をしましょう。ドイツはそのくらい、第二次世界大戦とナチスの蛮行を厳しく真剣に反省しているということなのです。

第5章

生きるためのヘンな常識

人は生きるために
食べなければなりません。
また、人の身体は暑さにも寒さにも、
傷や汚れにも弱いので、服や靴などを身に着け、
汚れも取り除かなければいけません。
これは動物としての人が生きていく上で
絶対に必要な条件なのですが、
人は動物とは違って、
何を食べるか、どう食べるか、
何を身に着けるかなど、
様々なあたりまえを作ってきたのです。

主食と副食の区別がない

フランス人が鳩に米を撒《ま》いている光景を目にしたら、日本人は「お米を鳩のエサにするなんてもったいない」と驚きます。稲を食べる雀《すずめ》は害鳥だといわれるほど、「瑞穂《みずほ》の国」の日本人にとって米は大事な主食ですが、フランス人にとっては単なる野菜の一種という認識なので、鳩のエサにしても問題ないのです。

開拓時代が長く、食文化が未発達で関心も低かったニュージーランド人ともなると、今でも夕食は皿一枚に野菜や肉、パイなどが並ぶだけ。炭水化物の食べ物はジャガイモや米、スパゲティやパンと様々ですが、エネルギー源はこのような食事より、むしろ食後の甘いデザートやティータイムのビスケットなのです。テレビを見ながらフィッシュ&チップスを食べるのでも立派な夕食だというほどですから、何が主食であり、何を食べないとちゃんとした食事にならない、などという考え方

フィッシュアンドチップス それはおやつ?
いいえ 夕食よ

はありません。

さらに、アジア圏の主食は米というイメージがありますが、日本でも昭和の戦前まで地方によっては粟《あわ》や稗《ひえ》、サツマイモが主食でしたし、中国でも米が主食とは限りません。中国の北の寒冷地では米ができませんから、主食は餃子《ギョーザ》や饅頭《マントウ》です。そのため、日本でお馴染みの餃子定食は、中国人には主食と主食を合わせた、じつに奇妙な食事に見えるのです。

!

おやつのような食事でも夕食だなんて、自由な食文化だなぁ

トマトは果物

韓国のかき氷「氷水《ピンス》」には、なんとトマトがのっているものがあります。韓国では、果物屋やスーパーの果物売り場でトマトが売られており、フルーツジューススタンドのメニューにもトマトジュースが入っています。

トマトは植物学的分類では果物とされているようですが、日本の農林水産省では野菜としているように、じつは、野菜なのか果物なのかは国によって異なるため明確な定義はなく、その用途によって決まる文化的分類なのです。

実際、韓国ではトマトに砂糖をかけておやつにするため果物とされています。日本にも一定数「トマトは果物」派がいるのは、サラダが一般的でなかった昭和三〇年代ごろまで、農村では砂糖をかけておやつにしていたからなのです。

スイカの場合も、ミクロネシア連邦のヤップ島では煮て食べられているため果物

ではありませんし、逆にきゅうりは、イランでは紅茶のお茶請《う》けとして使用されるため果物になっているのです。

アメリカ人ともなると、そもそも野菜と果物を明確に区別しません。そのため、日本の果物屋で桐箱《きりばこ》入りの高価なマスクメロンを見ると、「なんでこんな値段で贈り物に？」と驚いてしまうのです。

！

野菜か果物か論争はよく耳にするけど、国によって捉え方が違うのね

緑茶には砂糖とミルクが必須

フィリピン料理は、しょっぱくて酸っぱいのが特徴です。さらに甘いものも多く、一部の地方を除いて辛い料理はありません。

トルコ人は頭が痛くなるほど甘いお菓子が好きで、お客様に出すお菓子も、甘ければ甘いほど丁重なおもてなしだとされています。紅茶の小さなグラスにも角砂糖を二つ入れますし、トルコ北部の紅茶産地リゼでは、もっと甘味を感じるために、奥歯に固い砂糖を挟んで飲むほどです。

一方、タイ料理は激辛で有名ですが、飲み物となると元々甘いホットココアにも砂糖が付いてきたり、クリームや砂糖入り緑茶どころか、コンデンスミルク、つまり練乳入りの緑茶まであったりします。

香港にもピーチ味やリンゴ味の緑茶がありますし、どんな飲食物も辛そうな韓国

でさえ甘い緑茶のレモンティーというものがあります。これは、日本人とは異なり、渋味が苦手な民族が多いためです。実際、甘さを表す言葉も韓国語では二〇近くもあるのに対して、日本語は「甘い」しかありません。

昭和までは男が甘いものを食べるのは恥ずかしいことだといわれていたほどですから、本来日本人はスイーツ民族ではないのかもしれません。

甘い緑茶なんて想像がつかない!

胃腸薬も激辛カレー味

日本でゼリーといえば、甘いデザートというのが常識です。一方でスペインやイギリスでは、ゼリーはデザートではなく、コンソメ味や野菜のゼリー寄せなど、立派な料理になります。彼らからすれば、ゼリーは食事として食べるもので、甘いゼリーは一般的ではないのです。

また、日本でパイといえばアップルパイやチョコレートパイなどの甘いスイーツが一般的ですが、激甘スイーツが大好きな人が多いニュージーランドでは、野菜や肉が入っているれっきとした料理になっています。

インド人は激辛好きですが、そのインドで胃腸薬として有名なのが「ハジモラ」です。国内シェア率七五％と圧倒的人気を誇る薬なのですが、驚くべきはその味。薬なのにカレー味もあり、衝撃の辛さになっています。

ただし、さすがは多民族国家。同じインドでも、西部グジャラート州の伝統料理となると、なんでも甘くなり、スープやカレーに砂糖をたっぷり入れて食べます。

同じ国でもここまで違うのですから、何を甘くして何を辛くするのかは、民族によって様々なのです。

！

日本で子どもに処方される甘い薬は、「インド人もびっくり」かもしれないな

料理は見た目よりも味

インドネシア料理は、日本人からすると見た目が地味です。とりわけジャワ料理は地味で、アヒルのゆで卵は灰色で、ドレッシングは黄土色、牛肉をスパイスで煮込んだラウォンというスープは真っ黒です。祭りや祝いの席に欠かせないドドルは、甘いデザートだというのに濃い茶色で、まったく写真映えしません。

一方で、ミクロネシア連邦のヤップ島となると、日本の植民地支配時代の名残でおにぎりを食べているのですが、白飯のままではなく、なんとオレンジ、青、緑などに着色された派手なおにぎりになっています。

人は味覚だけでなく、視覚でも食べ物を楽しみます。日本人は、飲食店の店頭に並ぶおいしそうな食品サンプルを発明した民族ですから、とりわけ目で料理を味わうのです。

インドネシア人の場合は、食欲を減退させるはずの灰色の料理でもお構いなしで、見た目よりも味を優先します。それは、謙虚で質素好みの民族だということとも関係しているのかもしれません。

そう考えると、おいしいけど地味な色のタロ芋から、派手な着色おにぎり、色鮮やかな熱帯魚までなんでも食べてしまうヤップ島の人々は、味も見た目も両方楽しんでしまおうという食いしん坊民族なのでしょう。

やっぱり料理はおいしさが重要だけど、見た目も大事だよな……

石を食べる人

人類は雑食で、なんでも食べます。ケニアには、オドワという軟質の石を食べる人々がいますし、中央アフリカからギニア湾沿岸地域の民族は、ミネラルが多く含まれている粘土のような土の塊を食べます。

一方で、ボツワナに住む民族のセントラル・カラハリ・ブッシュマンはハゲタカ、ライオン、ハイエナを決して食べません。なぜなら、これらの動物は人の死体を食べており、人肉食を回避するためです。

またタイ人の場合、森の動物のうち兎《うさぎ》、猪《いのしし》、鹿、野牛などは食べますが、猿は食べません。その理由は、猿は人の子孫だからだというのです。タイには説話があり、昔一二人の子どもを持つ女性がいましたが、子どもが多すぎて養うことができなくなりました。そこで子どもたちは食べ物を探しに森へ行き、野生の果物を食べてい

ましたが、そのうち身体に毛が生えて猿になってしまったというのです。つまり猿は人が退化したものであり、元々は人なのだから食べてはいけないというわけです。

いずれにしろ、世界では食べ物ひとつとってもその民族の文化的背景が反映されており、食べ物として認めるか認めないかの基準は多種多様なのです。

！ 日本人が大好きな刺身も、海外から見ればゲテモノだよな

バナナはナイフとフォークで食べる

日本人はバナナの皮を途中まで剥《む》き、下のほうを持って食べますが、ニュージーランド人の前でその食べ方をすると「モンキー！」と笑われてしまいます。彼らにとっては、皮をすべて剥いて皿にのせ、ナイフとフォークを使って食べるのがよいマナーだとされているのです。

そんなニュージーランド人ですが、食前にお祈りをする家族は多いものの、日本なら常識の「いただきます」も「ごちそうさま」も言いません。何も言わず、誰からともなく食べ始め、なんとなく食事が終わります。「行ってきます」や「ただいま」「お帰りなさい」も言わないため、動作にけじめがなくて、なんだかヘンな感じです。テーブルマナーはどの民族にもありますが、左手を使うなとか、ナイフは右手で持てとか、その実態は多様です。

さらに、日本では「食べてすぐ横になると牛になる」や「食器に口を近づけると犬食い」などと言い、大食いを表す言葉は日本では「馬食」、ニュージーランドでも「eat like a horse」であるように、しばしば動物の食べ方が引き合いに出されます。

人は、本能のままに食べる動物の食べ方を下品なものとして、他の動物とは異なっていると思いたい、ヘンな動物なのです。

たしかに、食べ方を非難するときは動物にたとえられるな

汁物でも手で食べる

インド人やインドネシア人は、料理を手で食べます。日本人からすると、食器を使わずに手で食べるなんてなんだか汚くて、だらしのないことだと感じてしまいます。しかし、手で食べる民族は、食べ物の味を舌だけでなく指先でも味わっているというので、一度で二度おいしく味わえる食べ方ともいえます。さらに、手で食べるといってもじつに難しく、箸の使い方にも劣らぬ高度な技術が必要なことは、実践してみればすぐにわかるでしょう。

インドネシア人は、まず右手を洗い清め、おかずとご飯を少しずつ混ぜ、人差し指、中指、薬指の第二関節までにのせたら指で筒状に丸め、口に向かって親指で押し出すようにして食べます。汁物もご飯と混ぜて指だけで食べるのですから、相当な技術が必要です。日本の子どもたちがお箸の使い方を厳しくしつけられるのと同

じように、インドネシアの子どもたちも指を使いこなすまで練習を繰り返すのです。

そういえばお箸の国の日本でも、寿司などは手で食べてよいとされていますが、親指と人差し指と中指の三方向からつまむなど、やはり食べ方は決められています。動物のように本能のままに食べるのではなく、決められた技術を身に付けて、マナーを守って食べなければいけないという点は、どの民族も同じなのです。

どの国でも、子どものうちはマナーを覚えるのが大変なのね

花見をしていると警察に通報される

九月のニュージーランドは桜が満開です。広大な公園に見渡す限りの桜並木が続き、とてもきれいなのですが、あたりを見渡しても誰も花見をしていません。じつは、花見というのは日本独自の文化で、ニュージーランドではそもそも公園や路上など、公共の場での飲酒は基本的に禁止されているのです。なので、公園で花見などしていたら警察に通報されてしまいます。

アメリカでも公園のバーベキューでは酒を飲めませんし、ハワイのビーチでもホテルの飲食店以外は禁酒です。花見どころか、電車の中でも飲酒している人がいるのんべえ大国日本は、飲酒にとても寛大な文化なのです。

そもそも、飲酒を冷たい目で見る民族は多いのです。インドでも基本的に悪いこととされていて、酒屋は裏通りに隠れるようにあり、少数派の酒飲みも親に知れた

ら勘当されたり、昇進に影響するからと上司に隠したりするほどです。そのため外国人の観光客などが飲んでいると、現地の大勢の人に注目されてしまいます。

それどころか一部の州では禁酒法や禁酒日まであり、ガンジー生誕日や独立記念日などは国全体で禁酒します。サウジアラビアとなると、酒どころかうっかりみりんを持ち込んでも処罰されるので、要注意です。

！ 花見ができないのは寂しいな

バーなのに酔ったら強制退場

公共の場で飲酒はできませんが、ビール好きが多いニュージーランド人。一昔前まではランチに一杯などという人もいたほどですが、公衆の面前で酔うのは恥とされており、暴れたり吐いたりと醜態をさらせば社会的信用を失います。バーには、バウンサーと呼ばれる大柄で強面《こわもて》の男性が雇われており、酔っ払うと追い出されてしまうので、やけ酒は家でしなければいけません。

アメリカでは、飲むか飲まないかは本人の自由です。「俺の酒が飲めないのか」などと無理に勧めるのはNGで、人前で酔うのはやはり恥。セルフコントロールができない人だと、軽蔑されてしまいます。

酔っ払いに厳しく、人前で酔うことを恥と考えるのは、ポルトガル人もポルトガル語圏のブラジル人も同様です。一方で、ブラジルでは酔っ払っていたら盗難に

あってしまう、という切実な問題も抱えています。
電車の中で酔っ払って寝ていても安全な日本の治安のよさには目を見張るものがありますが、ニュージーランドでは、酔ってバスの座席に横になっただけで降ろされてしまいます。まさに郷に入っては郷に従えなのです。

!

酔っ払いが路上で寝ている日本はどうなんだ……

酒は食後に楽しむもの

酒は百薬の長とはいえ危険物。ですから酒を飲む民族は、飲み方のマナーもしっかり決めています。ニュージーランドではビールは泡立てずに注げとか、ブラジルでは人に注いでもらってはいけないとか、スロバキアでは相手の目を見て乾杯しろなど様々で、乾杯してもすぐに飲んではいけないのがモンゴル。右手の薬指を軽く杯の中に浸し、天に向かって弾き、地に向かって弾き、最後に額につけて感謝と祈りを捧げることで、ようやく飲むことができます。

日本では、居酒屋に行くと食べるのは後回しで「とりあえずビール」という人が多い印象ですが、酒を楽しむのは食事の後という韓国では、居酒屋は二一時を過ぎてから混んできます。焼酎やウイスキーで「乾杯《コンベ》！」するのですが、目上にお酌するなら両手を添えろ、目上の前で飲むなら横を向け、女性はお酌をするなどと厳

酬酌《スジャク》

しいマナーがあります。

中でも大変なのが「酬酌《スジャク》」です。宴会では、店主と客の間でも、隣り合わせた他人同士でも、杯をやり取りするのですが、差し出された杯を必ず飲み干して返杯しなければいけません。それを断ると「情のない奴」などと言われてしまいます。「酬酌」なしでは互いに「情《ジョン》」がわかないというほど、韓国は情の国なのです。

！ お酒にまつわる決まりごとも、世界で様々だな……

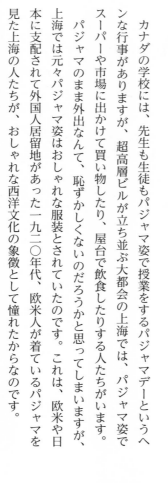

パジャマで街を歩くのがおしゃれ

カナダの学校には、先生も生徒もパジャマ姿で授業をするパジャマデーというヘンな行事がありますが、超高層ビルが立ち並ぶ大都会の上海では、パジャマ姿でスーパーや市場に出かけて買い物したり、屋台で飲食したりする人たちがいます。

パジャマのまま外出なんて、恥ずかしくないのだろうかと思ってしまいますが、上海では元々パジャマ姿はおしゃれな服装とされていたのです。これは、欧米や日本に支配されて外国人居留地があった一九二〇年代、欧米人が着ているパジャマを見た上海の人たちが、おしゃれな西洋文化の象徴として憧れたからなのです。

何しろパジャマ専門店があるほどで、パジャマ姿の人は恥知らずどころか、最先端ファッションに身を包んだおしゃれな人たちだったのです。しかし、二〇一〇年の万国博覧会が近づくと、市政府は「パジャマで外出してはいけない」と指導を始

めました。政府からすれば、外国人が大勢訪れるというのに、パジャマ姿の人がうろついていては恥ずかしいというのです。

おしゃれの基準は文化によって違って当然ですから、外国人の目を絶対視した政府の指導は、当時の市民からは大ひんしゅくを買うことになりました。しかし、急激な経済成長と変革を経た今日の上海では、もはや「昔のおしゃれ」になってしまったのです。

何がおしゃれなのかは、その国の人たちの感覚によるものね

どんなに寒くても服を着ない

バヌアツ・タンナ島で伝統的な生活を営む男性たちは、紐に藁束《わらたば》が下がったナンバスを腰につけて暮らしています。ところが、どんなに寒くてもこれ以上の衣服は身に着けません。それが伝統かつ常識だとされており、夜は焚き火をして、そのまわりで寒さに震えながら身体を寄せ合って寝ます。服は防寒のためのものだと考えていないわけですが、身体を隠すためのものだともあまり考えておらず、近年は大きな葉を腰紐《こしひも》につけることもありますが、あくまで町に出るときに町の習慣に合わせているだけで、普段はかなり露出が多くなっています。

ブラジルの熱帯雨林で一九七五年に発見された民族ゾエは、地上最後の石器時代人と驚かれましたが、さらに世界を驚かせたのは、ゾエが衣服をまったく身に着けていなかったことです。

しかし、何も身に着けていないわけではなく、下唇に穴をあけ、プックルという木の棒を挿していました。
これを身に着けていれば正装なので、彼らからすればプックルを身に着けていない文明人こそが裸で恥ずかしく、自分たちが裸族だと世界から好奇の目で見られたことは、さぞ心外だったことでしょう。

！ 民族によって服装、身なりの常識もこんなに違うのか

足を見せるのは裸と同じこと

熱帯のミクロネシア連邦にあるヤップ島の女性は腰蓑《こしみの》姿で、他に身に着けているのはネックレスだけ。つまり、上半身が裸の裸族というわけです。

しかしヤップ島の人から見たら、日本人女性こそ恥ずかしい裸族だというのです。ヤップ島の伝統文化では、女性が隠すべきは足だといい、長い腰蓑でくるぶしまで隠しています。足が見えていることが裸とされるのですから、足を出してスカートや短パン姿で町を歩く日本人女性は、まさに破廉恥《はれんち》な裸族というわけです。

サウジアラビアとなると、男性でも短パンで町を歩いたら犯罪で、宗教警察に拘束されてしまいます。トルコの男性も公衆浴場では長い腰巻着用ですから、赤の他人と一緒に裸になるという日本の温泉や銭湯は信じられないことなのです。

欧米人ともなると入浴は一人が常識で、他人と一緒の入浴自体がすごく恥ずかし

いというのですから、ますます温泉どころではありません。
裸の恥ずかしさも民族によって様々ですが、生まれたままの身体は恥ずかしいことと決め、何かしら身に着け、ひと続きであるはずの身体を区分して、どこを隠せなどと決めてしまうという点では、どの民族も共通しています。

民族によって、何を裸とするかはまったく違うものなんだね

雨が降っても傘をささない

ベトナム名物といえば、魚の大群のように道を埋め尽くすバイクの集団で、雨が降ると巨大なレインコートをかぶった二人乗りバイクが爆走します。傘をさしながらの自転車の運転が禁止されている日本とは、迫力がまったく違います。

そんな大胆な国ベトナムでは、雨が降れば約束キャンセルもあたりまえですが、雨が降り始めると、どこからともなくレインコート売りの子どもたちがこれまた魚の大群のごとく現れるので、じつに安心で便利です。

雨に濡れると冷たいし、汚れたような嫌な気分になるという日本人とは異なり、そもそも傘をささないという民族もたくさんいます。フランス人はちょっとやそっとの雨では傘などさしませんし、傘を持ち歩く人もほとんどいません。

ニュージーランド人ともなると、そもそも傘というものを持っていない人も多く、

デパートの傘売り場には大きな日傘しかありません。多少の雨なら気にしませんし、大雨なら止むまでのんびり雨宿りをします。もちろん牧夫や農民は、傘などさしていては仕事になりません。

傘をさすのは軟弱だという考え方もあるのですが、それよりものんびりした生活ぶりで、傘をさしてまで急ぐことはないと考える人たちなのです。

雨が降ったら止むまで雨宿りすればいいという考え方はすてきだね

身体は濡れても帽子は死守

インドネシア人は、雨の日は仕事に遅れても怒られません。傘などささず、止むまで待とうという人々なのです。さらに、雨が少ないヨーロッパでは、傘が登場したのはスポーツが盛んになった十九世紀になってから。その前は何かを頭にかぶるくらいだったのです。

日本でもかつては水を吸うと膨張し、乾燥すると縮む蓑や笠をかぶっていましたが、ボリビアの首都ラパスでは雨の日に傘をささず、代わりに頭にポリ袋をかぶった女性たちが出没します。これでは身体が濡れてしまいますが、彼女たちは身体を濡らさないためではなく、ポリ袋の中の山高帽《やまたかぼう》を濡らさないようにかぶっているのです。

つまり、身体よりも帽子のほうが大事というわけです。雨の日は帽子をかぶらな

ければいいのにと思ってしまいますが、ふわりとしたスカートをはくことで知られるアンデス女性にとっては山高帽も大事な民族衣装。帽子なしで出かけるなんてありえません。だけど大事な手作りの高級品だから絶対に濡らせない、というわけでポリ袋をかぶることにしたのです。
どの国の人にとっても、おしゃれは我慢が必要で大変なものです。

!
濡れたら風邪をひくからではなく、帽子が最優先なのか……

雨を怖がる人

二〇一六年一月二十四日、沖縄県では三九年ぶり二回目の雪が名護市などに降り大きな話題になりましたが、じつはエジプト・カイロでも雪が降ることがあります。といってもやはり何十年に一回で、雪どころか雨でさえ月間降水量は〇から五ミリメートルですから、側溝などというものは存在せず、ひとたび雨が降ると子どもたちは大喜びするものの、町が何日も水浸しという悲惨なことになってしまいます。

同じエジプトでも、砂漠地帯となると雨は何十年に一回しか降りません。なので、若い人の中には雨を見たことがない人もいます。雨が降ると気が動転し、恐ろしさのあまり仕事を放り出し、家に閉じこもって動けなくなってしまう人もいるほどです。

一方で雨が嫌いで怖いどころか、「あめあめふれふれ」と雨を楽しんでしまう民

族もいます。ニュージーランドでは、立派なつくりでも屋根はトタンという家が多く、雨音がとてもうるさく響きます。

もっと立派な屋根にすればいいのにと思ってしまいますが、雨が降れば牧草も野菜もぐんぐん育ちますから、文字通り恵みの雨。酪農家にとっても農家にとっても、雨はうるさいどころかみんなで楽しむべき「音楽」だというのです。

！同じ雨でも、国によってこんなに捉え方が違うのか

雨が降っても洗濯物を取り込まない

ニュージーランドには、私たちが洗濯物を干すときに使うような物干し台や物干し竿がありません。その代わり、巨大なビーチパラソル型の金属製の骨組みにロープを張った、まるで蜘蛛《くも》の巣のようなヒルズホイストが庭に立っています。風が吹けばくるくる回転し、どの洗濯物にも日が当たるので、早く乾かすことができる優れものです。

ニュージーランドでもう一つ珍しいのが、クローズラインと呼ばれるもので、日本のホテルのバスルームにあるような物干しロープのことです。軒下に取り付けて、細いワイヤーを引き出して使うのですが、使わないときは巻き取れるので便利です。

ニュージーランド人は雨が降っても傘をささず、身体が濡れても気にしませんし、洗濯物が雨で濡れるのも気にしません。雨が降りだしても洗濯物は取り込まず、そ

のままにします。雨が止めばまた乾くさ、という考え方なので、洗濯物を干したまま出かけてしまっても余計な心配をすることがないのです。

こうした大雑把さは、開拓時代の名残だとされています。現在でも残業とは無縁で、家族団らんで食事を楽しみ、一〇時にもなれば就寝というのんびりした生活を尊重する、いかにもニュージーランド人らしい大雑把さといえるでしょう。

！ 洗濯物を干すときに、天気予報を気にする必要がなくていいね

洗濯物を外に干すのは恥ずかしい

日本では洗濯物は、建物と平行に物干し竿などで干しますが、香港やシンガポールの古いアパートでは窓から縦に何本も鉄の棒が突き出ていて、この棒に洗濯物を通して干します。棒は自由に外せますから、傾ければ洗濯物が滑ってきて取り込むのにも便利で、日もよく当たる優れものです。

こうして超高層アパートに洗濯物が一斉に干されてはためくさまは壮観なのですが、アメリカ人の目にはこれがスラムに見えてしまいます。アメリカでは、洗濯物を外から見えるところに干している家があると、不動産の価値が下がってしまうなどと嫌がられます。町の景観の統一感を重視するアメリカ人からすれば、外に洗濯物を干すと美観が損なわれますし、乾燥機を買えない貧しい人が多い地域と思われてしまうのです。

アメリカ人は洗濯物を乾燥機で乾かします。ベッドのマットレスや布団も日に当てて干すことがありません。洗濯物も布団も、家族が身に着けたり寝たりするものですから、他人に見られるところで干すのは恥ずかしいことだと考えています。

そんなアメリカ人たちの目には香港、シンガポール、そしてマンションのベランダに洗濯物が翻《ひるがえ》る日本も、スラムのように見えているのかもしれません。

外に洗濯物を干すだけで、そんなふうに見られるとは……

洗濯物は半日がかりでアイロンがけ

日本のアイロン台は脚が短いものが多く、元々は脚自体付いていませんでした。これは、畳の部屋でアイロンがけをしていたからです。一方のニュージーランドでは、アイロンがけは立ったまま行なうので、アイロン台といえば脚が長いのがあたりまえです。これは、ギリシャでも同じです。

さらにギリシャのアイロンは、巨大なスチーム用の水タンクが付いています。なぜならギリシャの人は、シャツやジーンズ、シーツ、バスタオルはもちろん、台所の布巾からパンツ、靴下まで、半日がかりで何にでもアイロンをかけるからです。布巾や靴下にまでかけるのは、洗っただけでは汚くて気持ちが悪いと感じるからで、アイロンは熱消毒のためにかけるといいます。

日本人もニュージーランド人もギリシャ人もみんな同じ人間、つまり動物ですか

ら、身体から出る汗や垢《あか》、外から付着するほこりなどで衣服は汚くなります。それをなんらかの方法できれいにしようとするのは同じなのですが、どうしたらきれいになるのか、どういう状態がきれいと考えるかは、じつに様々。

古代以来美しい風土に暮らしてきたギリシャ人の場合は潔癖感が強く、衣服なども白を重視してきたこともあって、洗濯へのこだわりがとても強い民族なのです。

！何から何までアイロンがけするなんて、日が暮れちゃうよ！

食器を水ですすがない

ニュージーランド人の食器の洗い方は、随分と大雑把です。日本人の場合、洗剤を付けたスポンジで丁寧に洗って流水ですすぎ、布巾で拭き取るか自然乾燥させるのが常識です。

ところがニュージーランド式は、流しに湯をためて洗剤を流し込み、油っぽいものもそうでないものも食器を全部放り込んで、柄の付いたスポンジで軽くこすってから水切りに立てます。後はタオルで拭くだけ。つまり、水ですすがないのです。

これでは汚れが十分に取れず、洗剤も付着したままで、カップに紅茶を注ぐと洗剤の泡が見えることもあるほどです。高級レストランでも同じで、皿に洗剤を拭いた跡が見えて食欲がなくなることもあります。

日本人からすると汚いと感じてしまいますが、生活に苦労した開拓時代の記憶が

強く残るニュージーランド人からすれば、これこそが水を大切にした洗い方ですし、これで十分きれいなのです。

なので、ホームステイ先で、日本式にちゃんと洗った食器に、ホストファミリーがわざわざ洗剤を塗り直して拭いているのを目撃しても驚いてはいけません。

何しろ、家族と犬の食器が共通という家もあるくらいですから。

泡立った紅茶は飲みたくないな……

牛のうんこで手を洗う

食器を水ですすがないのはニュージーランドに限らず、中国も欧米も同じですから、かなりのグローバルスタンダードなのです。

また、ペットボトルやコップで飲むときに口を付けない「滝飲み」をしたり、路上カフェで飲んだチャイの素焼きカップを叩き割ったりするインド人は、食べるときもスプーンやフォークを使わず手で食べます。これは、ちゃんと洗ってあるかどうかわからない飲食店のスプーンやフォークより、自分で洗った自分の手で食べるほうがよほどきれいだからというので納得です。

手の洗い方も様々です。ケニアやタンザニア北部の民族マサイは、料理する前などにちゃんと手を洗いますが、水でも石鹸でもなく、牛糞《ぎゅうふん》、つまり牛のうんこで洗います。まず新鮮な糞をつかんで手をごしごしこすり、次に乾いた糞をタオルのよ

食事を作る前は
ちゃんと牛のう〇こで
手を洗わなくっちゃ
モザイク処理中

うに使って手を拭いて、最後に手を叩いて糞の残りを払い落とします。

日本人からすればありえない光景ですが、主食は牛乳やヨーグルト、鉄分や塩分、ビタミンは牛の血からというマサイにとって、食料から燃料や皮まで与えてくれて、紛争解決や結納にも必須の牛は生きていく上で不可欠な存在。神から与えられた一番大事な財産と信じられているのですから、汚いはずなどないのです。

! 洗う前よりも汚くなっているように感じてしまう……

火事が起きても騒がない

ヨーロッパでは地下鉄や路面電車は車内放送がありますが、長距離列車の場合は停車駅や到着案内の放送がありません。不便ではあるものの、じつに静かです。

長距離列車に限らず町も静かで、ポルトガルでは二二時以降の騒音は警察から注意を受け、罰金もあるほどです。とくに静かなのはドイツで、ベルリンのような大都会でも、基本的に静寂が支配しています。朝八時以前はなるべく音を出さないようにしなければなりませんし、昼間もとくに一三時から一五時は昼寝などをしてゆっくりする時間なので、テレビやラジオ、楽器や子どもが遊ぶ音にも要注意です。きちんとしたことが大好きなドイツ人ですから、こうした条件は当然賃貸契約書にしっかりと書かれています。

古い集合住宅が多いパリは、深夜の風呂やトイレの使用規制もあり、夜にホーム

パーティーをする場合は玄関ホールやエレベーターに貼り紙をして知らせないといけません。

さらにパリでは、なんと火災現場も静かなのです。あわただしい雰囲気がなく、消防士は黙々と火を消すだけ。「けが人はいないか！」と叫ぶ人もおらず、野次馬も静かに見守るだけ。消火したら、何事もなかったかのように日常が続きます。人の出す音を排除したがる、「静寂の文化」なのです。

！ サイレンや野次馬たちで騒々しくなる日本とは違うね

街に流れる大音量の呼びかけで起床

静寂のヨーロッパに対して、アジアはにぎやかです。タイや中国や韓国では、バスや電車の中だけでなく駅のホームでもモニターで広告放送を流していますし、スリランカの鉄道では物売りだけでなく、楽器を演奏しながら歌う人たちが回ってきて、強制的に聞かされた上にチップまで要求されてしまいます。ベトナムの町はバイクで喧騒《けんそう》を極めますから、夜中に大音量でテレビを見たり歌ったりしても問題ありません。イスラムの国トルコとなると、断食期間中の毎朝三時半ごろに太鼓を鳴らし、「サフール、サフール」と日の出前の食事を呼びかける起こし屋も登場します。

インドネシアでも毎日五回の礼拝時間になると、「アッラーフ・アクバル（アッラーは偉大なり）」で始まる礼拝への呼びかけ「アザーン」がスピーカーから大音量で流れます。早朝には「アッサラート・ハイルン・ミナン・ナウム（礼拝は睡眠

にまさる)」と二回も繰り返されますから、異教徒も落ち着いて寝られません。

これはインドネシア人が「ラメイ」、つまりにぎわいを好むということもありますが、何よりもイスラム教徒にとっての礼拝は喜捨、断食、巡礼とともにもっとも重要な宗教実践。その時間を知らせるアザーンは大切な役割を担っています。無宗教の人が多く、寺の除夜の鐘にまで苦情が出る日本とは大きく異なる社会なのです。

!

異教徒にとっては、ちょっと迷惑な習慣だね……

新年は車もテレビも禁止

日本では礼拝への呼びかけもなければ、インドのように観客が歌ったり口笛でブーイングしたりする映画館もありません。それでも商店街や観光地ではＢＧＭが流れ、駅では前の人に続いて降りろとか忘れ物をするなといったアナウンスでじつににぎやかです。

まさに日本もアジアの一員というわけですが、にぎやかな環境こそよいとする文化のインドネシアでも、ヒンズー教の新年を祝うニュピの日には、バリ島の町中が死んだように静まり返ってしまいます。この日は車も、バイクも、テレビも一切使ってはいけません。ホテルに滞在する外国人客も外出できず、店どころか空港まで閉鎖されてしまいます。この日は静かに瞑想するべき日なので、みんな家の中で音を出さず、静かに過ごすのです。これは、バリ島に滞在するすべての人が従わな

ければいけません。
日ごろのにぎやかさとは正反対の静寂は、新年という時の流れの境界を表現するためなのです。しかし、それにしても音は人が生きている証のはず。それを出したり止めたり、好いたり嫌ったり、人というのはじつにわがままで複雑な動物です。

！ 新年こそ、にぎやかにお祝いしないの!?

《参考文献》

綾部恒雄監修　綾部恒雄ほか編　2000『世界民族事典』弘文堂
綾部恒雄、桑山敬己編　2006『よくわかる文化人類学』ミネルヴァ書房
綾部恒雄監修　金基淑編　2008『講座　世界の先住民族　3南アジア』明石書店
綾部恒雄監修　福井勝義、竹沢尚一郎、宮脇幸生編　2008『講座　世界の先住民族　5サハラ以南アフリカ』明石書店
E.E.エヴァンズ＝プリチャード　1978『ヌアー族　ナイル系一民族の生業形態と政治制度の調査記録』向井元子訳　岩波書店
小田英郎、川田順造、伊谷純一郎、田中二郎、米山俊直監修　2010『新版アフリカを知る事典』平凡社
片倉もとこ　1979『アラビア・ノート　アラブの原像を求めて』NHK出版
ピアーズ・ギボン　2011『世界の少数民族文化図鑑　失われつつある土着民族の伝統的な暮らし』福井正子訳　柊風舎
金文学　2011『日中韓　新・東洋三国事情』祥伝社
鴻上尚史　2015『クール・ジャパン!?　外国人が見たニッポン』講談社
ジェトロ編　2001『駐在員発2　知ってて良かった世界のマナー』日本貿易振興機構
砂本文彦　2009『図説　ソウルの歴史　漢城・京城・ソウル　都市と建築の六〇〇年』河出書房新社
祖父江孝男、米山俊直、野口武徳編著　1977『文化人類学事典』ぎょうせい
斗鬼正一　2003『目からウロコの文化人類学入門　人間探検ガイドブック』ミネルヴァ書房
斗鬼正一　2007『こっそり教える世界の非常識184』講談社
斗鬼正一　2014『頭が良くなる文化人類学「人・社会・自分」―人類最大の謎を探検する』光文社
斗鬼正一　2022『日本人が知らない世界の祝祭日事典』淡交社

中川真　2001『NHK人間講座　音のかなたへ　京都・アジア・ヨーロッパの音風景』NHK出版
中川裕子、仲尾玲子　2010「色彩があらわす食品のおいしさへの影響：天然色素を添加した食品の色調による嗜好性評価」『山梨学院短期大学研究紀要』第30巻
中野明　2016『裸はいつから恥ずかしくなったか―「裸体」の日本近代史』筑摩書房、
波平恵美子　1984『病気と治療の文化人類学』海鳴社
波平恵美子　1996『いのちの文化人類学』新潮社
日本文化人類学会編　2009『文化人類学事典』丸善出版
イザベラ・バード　1998『朝鮮紀行　英国婦人の見た李朝末期』時岡敬子訳　講談社
エドワード・ホール　1970『かくれた次元』日高敏隆、佐藤信行訳　みすず書房
本多勝一　1981『ニューギニア高地人』朝日新聞出版
松園万亀雄編　2003『性の文脈』雄山閣
宮本勝編　2003『〈もめごと〉を処理する』雄山閣
山内昶　1996『タブーの謎を解く　食と性の文化学』筑摩書房
吉岡修一郎　1977『数のライブラリイ5　数学千一夜』学生社
吉田禎吾　1976『魔性の文化誌』研究社
吉松久美子　1992「結婚考：タイ―カレン民族の成人と結婚」『ASIA 21　基礎教材編』第2号　大東文化大学国際関係学部現代アジア研究所
慶田勝彦　1988「ギリヤマ族の性と死　マトゥミアに関する覚え書」『民族學研究』53巻3号　日本民族学会
朝日新聞　2012年9月13日「地球を食べる」他

本書は、ワニブックスより刊行された『開幕！　世界あたりまえ会議』を、文庫収録にあたり加筆し、改題したものです。

斗鬼正一（とき・まさかず）

1950年鎌倉生まれ。明治大学大学院修了。江戸川大学名誉教授。元明治大学大学院、文学部兼任講師。熱帯ジャングルのヤップ島からコンクリートジャングルの香港、東京まで、旅と街歩きで「人間という人類最大の謎」を探検する文化人類学者。『チコちゃんに叱られる!』など、メディアに多数出演。

著書に、『目からウロコの文化人類学入門』（ミネルヴァ書房）、『日本人が知らない世界の祝祭日事典』（淡交社）など、監修に『ニッポンじゃアリエナイ世界の国』（SBクリエイティブ）がある。

知的生きかた文庫

学校《がっこう》では教《おし》えてくれない
世界《せかい》のヘンな常識《じょうしき》

著者　斗《と》鬼《き》正一《まさかず》
発行者　押鐘太陽
発行所　株式会社三笠書房
〒一〇二−〇〇七二　東京都千代田区飯田橋三−三−一
電話〇三−五二二六−五七三四〈営業部〉
〇三−五二二六−五七三一〈編集部〉
https://www.mikasashobo.co.jp
印刷　誠宏印刷
製本　若林製本工場

ISBN978-4-8379-8864-9 C0130

知的生きかた文庫

時間を忘れるほど面白い雑学の本

竹内 均【編】

1分で頭と心に「知的な興奮」！　身近に使う言葉や、何気なく見ているものの面白い裏側を紹介。毎日がもっと楽しくなるネタが満載の一冊です！

アタマが1分でやわらかくなるすごい雑学

坪内忠太

「飲み屋のちょうちんは、なぜ赤色か？」「朝日はまぶしいのに、なぜ夕日はまぶしくないか？」など、脳を鍛えるネタ満載！　どこでも読めて、雑談上手になれる1冊。

1分で子どもにウケるすごい雑学

坪内忠太

「動物園のクマは冬眠するか？」「お風呂の栓を抜くと、なぜ左巻きになるか？」など、動物、植物から日本語、食べ物まで、大人も子どもも賢くなれる面白ネタ満載！

日本語おもしろ雑学

坪内忠太

つまらないことを、なんで「くだらない」というのだろう？　総スカンの「スカン」とは？　つい時間を忘れて読んでしまう、簡単そうで答えられない質問286！

1分でみるみる教養がつく日本語の雑学

坪内忠太

「目からウロコ」の由来は聖書だった⁉　「お陰様」の陰ってなんのこと？　誰と会っても会話のネタに困らなくなる！　今すぐ脳を強化できる、オモシロ知識がどっさり！

C50470

C50483

C10072